Sur le chemin de la Liberté

Tome 2

Sur le Chemin de la Liberté

Un Pèlerinage en Inde – Tome 2

Swami Paramatmananda Puri

Mata Amritanandamayi Center, San Ramon
Californie, États-Unis

Sur le Chemin de la Liberté – Un Pèlerinage en Inde – Tome 2
de Swami Paramatmananda Puri

Publié par
Mata Amritanandamayi Center
P.O. Box 613
San Ramon, CA 94583
États-Unis

———————— *On the Road to Freedom Volume 2 (French)* ————————

En France :
Ferme du Plessis
28190 Pontgouin
www.etw-france.org

En Inde :
www.amritapuri.org
inform@amritapuri.org

Dédicace

Ce livre est humblement dédié à
Sri Mata Amritanandamayi
la Mère divine incarnée,
avec une dévotion et un respect profonds.

---

gurucaraṇāmbuja nirbhara bhaktaḥ
saṁsārād acirād bhava muktaḥ |
sendriya mānasa niyamād evaṁ
drakṣyasi nijahṛdayasthaṁ devam ||

Totalement dévoué aux pieds de lotus du guru,
sois vite libéré du cycle de la transmigration.
Ainsi, grâce à la discipline des sens et au contrôle du
    mental,
contemple le Divin qui demeure en ton cœur.

Bhaja Govindam v. 31

Table des Matières

Introduction

Voilà maintenant quatorze ans qu'est paru la première partie de Sur le chemin de la Liberté. Il s'agissait du récit de mon développement spirituel et des voyages qui m'ont conduit à rencontrer mon Maître spirituel, Amma, Mata Amritanandamayi. C'est elle qui avait suggéré la rédaction de ce livre, qui raconte comment je me suis intéressé à la spiritualité alors que je menais la vie complètement matérialiste d'un adolescent américain. Cette quête m'a conduit au Japon, au Népal et enfin en Inde. Les onze premières années de mon séjour en Inde, il me fut accordé de vivre en compagnie de différents saints, de vrais sages qui avaient fait l'ascension des sommets de la spiritualité. Mais en 1979, par l'œuvre mystérieuse de la grâce divine, je rencontrai Amma qui appartenait à une toute autre catégorie. Il s'agissait d'un être qui était parvenu à l'union permanente avec Dieu à un âge très jeune. Ce qui était encore plus inhabituel, c'est qu'elle accomplissait un sacrifice complet d'elle-même, employant son pouvoir spirituel à soulager la souffrance des gens, accueillant le plus de monde possible. Elle se préoccupe au départ de leurs souffrances physiques ou mentales afin de les guider ensuite vers l'éveil spirituel et à la béatitude. Et Amma a le pouvoir de le faire. Peu importe le nombre, elle ne connaît pas de limites dans ce domaine. Je l'ai vue rester assise pendant douze heures et donner sa bénédiction à vingt-cinq mille personnes, accueillant chacun individuellement. Le plus étonnant, c'est que chacune de ces personnes semblait ensuite soit soulagée de ses souffrances, soit transformée intérieurement. La brièveté de l'étreinte n'enlevait rien à sa puissance et à son caractère bienfaisant. Amma sait ce dont chacun a besoin. Sa connaissance vient de l'intuition et elle est infaillible. La paix et l'amour qui émanent d'elle ne sont pas de ce monde. Après l'avoir rencontrée et observée, on parvient à la conclusion que la Mère divine existe réellement et qu'elle se préoccupe vraiment de ses enfants et de la création.

Ce livre commence là où s'arrêtait le précédent. Il s'agit exclusivement de la vie que j'ai menée auprès d'Amma. Il contient de nombreuses paroles encore inédites d'Amma. Beaucoup de lecteurs ont jugé que la première partie de ce récit constituait une bonne introduction à Amma pour des personnes ne l'ayant jamais rencontrée. Ce deuxième tome constitue une tentative pour faire connaître aux lecteurs les voies mystérieuses et pleines de grâce d'Amma ainsi que son enseignement lumineux. Si j'y suis parvenu le moins du monde, c'est uniquement par la grâce d'Amma. Toutes les erreurs sont miennes et tout ce qui a quelque valeur vient d'elle.

Je suis redevable à Swami Amritaswarupananda pour le récit détaillé de la libération du grand dévot que fut Ottoor Unni Nambudiripad.

Puissent tous les dévots d'Amma me bénir afin que, en cette courte vie, j'obtienne un peu de dévotion envers ses pieds de lotus.

Au service d'Amma,
Swami Paramatmananda
Janvier 2000

9

Amma avec Swami Paramatmananda - 1980

Chapitre 1

Qui est Amma ?

En venant vivre auprès d'Amma, j'étais loin d'imaginer qu'elle serait un jour connue dans toute l'Inde et dans le monde entier. Je pensais que ceux d'entre nous, peu nombreux, qui vivions avec elle au petit village de Vallickavu, pourrions continuer à jouir indéfiniment de sa présence. Pourtant, au fil des ans, Amma nous donna bien des aperçus du futur. Un soir que je me promenais dans l'Ashram, je fus frappé par l'extraordinaire transformation des lieux par rapport aux humbles débuts du « bon vieux temps. » Ce qui, au départ, n'était qu'une petite hutte de palmes tressées abritant quatre personnes, était devenu un énorme complexe de bâtiments accueillant des centaines de visiteurs. Un jour, dans les premières années, alors que j'étais assis avec Amma devant le hall de méditation, face à la cour, elle se tourna vers moi et dit : « L'autre jour, en méditation, j'ai vu qu'ici s'élevaient de nombreuses pièces, toutes emplies d'aspirants spirituels pratiquant la méditation. »

« Comment est-ce possible, Amma ? l'interrompis-je, nous n'avons pas de quoi acheter du terrain. Et si par miracle nous parvenions à en acquérir, avec quoi construirions-nous des chambres ? »

« Mon fils, les voies du Seigneur sont impénétrables. Si telle est Sa volonté, Il fera en sorte que cela soit. Quant à nous, il nous appartient de suivre Sa volonté et de faire notre devoir. » De fait, peu après, un dévot acheta les terres situées devant l'Ashram et en fit don à Amma. Bientôt, un autre dévot entreprit de bâtir un édifice qui devint peu à peu le temple actuel, la maison d'hôte de l'Ashram. Les paroles d'Amma s'étaient avérées prophétiques.

Les visiteurs quotidiens étant peu nombreux à l'époque, Amma pouvait passer le plus clair de son temps assise sous les arbres, à méditer ou à s'entretenir sans contrainte avec les dévots. Aujourd'hui, avec les centaines, voire les milliers de personnes qui affluent régulièrement à l'Ashram des quatre coins du monde, Amma ne donne plus le darshan qu'à heures fixes. Le darshan est le moment privilégié où elle se rend disponible pour ceux qui veulent la voir et lui confier leurs problèmes. En dehors de ces moments, il lui est difficile de quitter sa chambre, car aussitôt, une multitude de gens l'assaille pour solliciter sa bénédiction ou pour la supplier de soulager leur détresse ou leurs maux.

Dans le monde entier, Amma est vénérée comme l'une des rares saintes, actuellement en vie et accessible à tous, qui soit établie dans le *sahaja samadhi*, cet état naturel où l'on demeure dans la Réalité Transcendante, dans le Soi. Le seul adjectif susceptible de la décrire de façon adéquate est « mystérieuse. » On peut avoir passé des années auprès d'Amma et penser qu'on sait tout d'elle ; pourtant, tout à coup, en sa présence, l'esprit sera frappé et dérouté par ses actes, mystérieux et imprévisibles parce qu'ils découlent d'une source transcendante. Selon la tradition, seule une âme réalisée peut en reconnaître une autre. Les êtres réalisés ne présentent aucun signe physique distinctif, il ne leur pousse pas de cornes ! Ils ne se promènent pas non plus avec autour du cou une pancarte proclamant : « Je suis une âme libérée » (contrairement à certains êtres ordinaires ! D'ailleurs, ce qu'entend au juste l'homme de la rue en se prétendant « libéré » n'est pas très clair. Ce n'est à l'évidence pas l'état de non-identification au corps et au mental, sinon il n'aurait nul besoin de faire de telles déclarations). On trouve dans la *Bhagavad Gita* une conversation entre le Seigneur Krishna et son dévot Arjuna, traitant justement de ce point : à quoi reconnaît-on un sage ?

Arjuna demande :

« Ô Kesava (l'un des noms de Krishna), quelle est la marque de l'homme d'une sagesse immuable, établi dans le *samadhi* (l'état suprême) ? Comment cet homme parle-t-il, marche-t-il, s'assied-t-il ? »

Le Seigneur répond :

« Ô Partha (l'un des noms d'Arjuna), quand un homme abandonne tous les désirs du cœur et est satisfait dans le Soi, par le Soi, on dit qu'il est établi dans la sagesse. Celui dont le mental n'est pas perturbé par l'adversité, qui ne désire pas le bonheur, qui est libre des liens affectifs, de la peur et de la colère, cet être est le sage à la sagesse immuable. Celui qui en tous lieux est libre d'attaches, qui ne se réjouit pas de la bonne fortune et ne déplore pas l'infortune, celui-là est établi dans la sagesse. »

Bhagavad Gita, II, 54-57

Il est d'autant plus présomptueux d'essayer d'apposer une étiquette à Amma que nous ne partageons pas son état d'amour universel et de béatitude. Nous sommes incapables de témoigner comme elle d'un amour égal et sans faille envers une multitude de gens et ne sommes pas capables non plus de sacrifier sans cesse notre temps, notre santé, notre sommeil et notre confort pour le bien du monde. Il se peut qu'après bien des efforts en termes de temps et d'énergie nous parvenions à aider de façon modeste un ou deux amis ou proches parents. Mais Amma, elle, transforme la vie des gens qu'elle rencontre. Elle connaît et comprend le passé, le présent et l'avenir de tous ceux qui viennent à elle. C'est à la lumière de cette connaissance qu'elle conseille et console. Ceux qui sont restés assis à ses côtés six ou huit heures d'affilée tandis qu'elle donnait patiemment le darshan à dix ou vingt mille personnes, savent de quoi je parle. Il faut l'avoir vu, c'est indescriptible. Pourtant, bien qu'il soit difficile de comprendre l'état dans lequel vit Amma, certains facteurs permettent de conjecturer sur sa nature. Au cours de ma vie avec Amma, j'ai vu et entendu diverses choses qui m'ont convaincu que celle que nous appelons Amma n'est autre que la divine Mère de l'univers, la grande Kali.

Vers la fin des années 70 ou le début des années 80, un grand sage se promenait un jour dans le Kérala, aux alentours du village d'Amma. Il fut le premier à comprendre sa véritable nature et à la proclamer publiquement Mère divine. Cet homme s'appelait Prabhakara Siddha Yogi. C'était un *avadhuta*, c'est-à-dire un sage qui a transcendé la conscience du corps et se trouve de ce fait au-dessus des lois et coutumes édictées par l'homme ou la religion. Les *avadhutas* ont atteint la réalisation de Dieu, qui est le but et le fruit de tous les préceptes, de toutes les règles des Écritures. Cependant, ils ne se préoccupent de personne et passent leur vie dans la béatitude suprême de l'union avec la conscience absolue, qui est en vérité leur propre Soi. Il arrive qu'on les prenne pour des fous et leur comportement s'apparente parfois à celui d'un idiot ou d'un enfant. Mais leurs actes ont en fait une profonde signification intérieure que, selon Amma, seuls peuvent comprendre ceux qui ont atteint le même niveau de réalisation. Les

Écritures abondent en récits sur ces *avadhutas*, les plus connus étant Jadabharata[1] et Dattatreya[2].

Afin de garder les gens à distance, les *avadhutas* prennent parfois l'apparence d'idiots incultes alors qu'en réalité, ils sont établis en Dieu. Prabhakara Siddha Yogi correspondait parfaitement à cette description.

On le connaissait dans la région depuis plus de cent ans. Les anciens du village racontaient à leurs enfants et petits-enfants le récit de ses actions étranges. Ses partisans soutenaient qu'il avait plus de trois cent ans et qu'ils étaient en mesure de le prouver sur

---

[1] Jadabharata avait été roi dans sa vie précédente. Ayant renoncé à son royaume et à sa famille, il s'était retiré dans une forêt du Nord du Népal pour s'y consacrer à la pratique spirituelle. Il avait atteint un très haut niveau, mais pas la parfaite réalisation du Soi. C'est alors que survint un événement fâcheux qui devait le faire régresser spirituellement.

Alors qu'il méditait, il entendit le rugissement d'un lion et, ouvrant les yeux, il vit une biche aux abois qui tentait de franchir d'un bond la rivière. La biche était enceinte. Le fœtus fut éjecté et tomba dans la rivière tandis que sa mère mourait. Jadabharata eut pitié du faon. Il le secourut et par la suite l'éleva en l'entourant de soins et d'affection. Malheureusement il s'attacha à lui et, au moment de mourir, au lieu de se concentrer sur Dieu, sa dernière pensée fut pour le faon. En conséquence, il fut immédiatement réincarné en cerf. Grâce aux effets positifs de sa pratique spirituelle passée, il put, dans son incarnation de cerf, se rappeler les incidents de sa vie passée. Quittant alors sa mère, il retourna sur les lieux de son vieil ashram et resta là penser à Dieu en attendant la mort.

Dans son incarnation suivante où il était fils de brahmane, il gardait encore le souvenir de sa vie précédente. Il se comporta donc comme un demeuré afin que tout le monde l'évite. Ainsi, il ne s'attacherait à personne et rien ne pourrait le détourner de la réalisation de Dieu.

[2] Dattatreya était le fils d'un sage, et on le considère comme une des incarnations du Seigneur Vishnu. Il mena la vie d'un *avadhuta* et instruisit les grands rois de l'époque en matière de spiritualité. Il est célèbre pour son discours au roi Prahlada, dans lequel il compare vingt-quatre types de créatures à vingt-quatre principes spirituels. On dit qu'il est toujours vivant et se manifeste à ses dévots sincères.

la foi des archives officielles du village. Vrai ou faux, il n'y avait en tous cas aucun doute sur son comportement bizarre et imprévisible, ni sur l'aura spirituelle qui l'entourait. Amma nous dit un jour que Prabhakara Siddha Yogi avait de nombreux pouvoirs surnaturels ou *siddhis*. Elle mentionna en particulier l'habitude qu'il avait de quitter un corps pour en occuper un autre. Dans les *Yoga Sutras* de Patanjali, on appelle ceci *parasarira pravesa siddhi*, c'est-à-dire le pouvoir d'entrer dans le corps d'autrui.

L'histoire de Shankaracharya, grand renonçant et moine hindou du IXème siècle qui avait ce pouvoir, est bien connue. Shankaracharya était un être réalisé. Il établit la suprématie de l'Advaita Védanta ou philosophie de la non-dualité. Cette philosophie enseigne qu'il existe une réalité unique, appelée *Brahman*, l'Absolu, et que c'est Cela qui se manifeste comme Dieu, le monde, et l'individu. C'est notre véritable nature, notre Soi réel.

Shankaracharya est également l'auteur de commentaires approfondis de la *Bhagavad Gita*, des *Upanishads* et des *Brahma Sutras*, ainsi que de nombreux hymnes de dévotion. Tout ceci, il le fit avant d'avoir atteint trente-deux ans, âge auquel il s'assit en *samadhi* et quitta son enveloppe mortelle.

Au cours de ses pérégrinations dans l'Inde antique, il engageait le débat avec les plus grands érudits des lieux qu'il traversait, afin de démontrer le bien-fondé de l'Advaita. Un jour, une femme lettrée le mit au défi de débattre de la science de l'érotisme. Pratiquant le célibat depuis sa naissance, Shankaracharya n'avait aucune connaissance du sujet et demanda donc un délai d'un mois pour préparer son argumentation. La femme accepta.

Modèle d'enseignement pour le monde et *sannyasi* (moine), Shankaracharya n'avait aucune intention de souiller sa réputation. Il opta donc pour un expédient. Ayant appris que le souverain local venait de décéder, il confia son corps aux bons soins de ses disciples puis, après être entré en transe yogique, il quitta son propre corps pour investir celui du roi.

Tout le monde fut étonné de voir le roi revenir à la vie, mais ils en furent enchantés et en particulier les reines. Dans son « nouveau » corps, Shankaracharya s'adonna aux plaisirs du sexe et acquit le savoir nécessaire. Chose intéressante, les reines et les courtisans remarquèrent que le souverain était devenu remarquablement intelligent, bien plus qu'avant sa mort, et ils en vinrent à conclure qu'un grand yogi avait pris possession du corps de leur défunt roi. Ne voulant pas le perdre, ils envoyèrent des messagers battre le pays avec ordre de brûler le corps de tout moine décédé, afin que l'âme qui habitait le corps du roi ne puisse plus migrer. Par chance, Shankaracharya découvrit leurs desseins et regagna son corps juste à temps. Grâce à ses connaissances fraîchement acquises, il l'emporta sur la femme lors de leur débat.

De même, Prabhakara Siddha Yogi goûtait la vie d'*avadhuta* sur cette terre. Il désirait ne pas perdre de temps entre les naissances et n'avoir pas à grandir à chaque nouvelle incarnation. Aussi, chaque fois que son corps devenait vieux et faible, il le quittait tout simplement pour entrer dans un autre corps « sur mesure » ! Il en avait ainsi changé bien des fois. En entendant parler de lui, Amma conçut le désir de rencontrer cet être et se mit à penser à lui. Dès le lendemain, il se présenta à sa porte.

« Vous m'avez appelé ? », s'enquit-il.

« Oui. Comment l'as-tu su ? », demanda Amma.

« J'ai vu hier une lumière éclatante sur l'écran de mon mental et j'ai compris que vous désiriez me voir. Je suis donc venu. »

Cependant, cet *avadhuta* avait la détestable réputation de troubler les femmes. Il se mettait nu et les pourchassait en tentant de s'emparer d'elles, sans se soucier des conséquences. Lorsqu'on critiquait sa conduite, il rétorquait : « Quel intérêt aurais-je pour les femmes de ce monde ? Je suis entouré en permanence d'un essaim de belles demoiselles célestes qui m'adorent ! Est-ce ma faute si vous ne pouvez pas les voir ? »

Un jour, il déclara à ses disciples : « Je sens un petit peu d'ego dans mon corps. Je crois qu'il serait opportun de faire quelque chose pour m'en débarrasser. » Il se rendit dans un village voisin, demanda où habitait le commissaire de police et se présenta chez lui. Après avoir frappé à la porte, il attendit. Enfin, la femme du policier vint ouvrir. Aussitôt, l'*avadhuta* se saisit d'elle et l'étreignit. Le mari, bien sûr, prit fort mal la chose. Il s'empara de l'homme, le battit son content puis le fit jeter au cachot et lui cassa un bras. Le lendemain, le yogi disparut mystérieusement de la prison et on le retrouva ailleurs, les membres en parfait état. En raison de tels comportements, dès qu'il faisait son entrée dans un village, les femmes se barricadaient et les hommes le battaient ou le chassaient. Au lecteur qui se demanderait comment un yogi peut se conduire de la sorte, Amma répondrait que seuls ceux qui partagent son état peuvent le comprendre ! L'explication ne peut être comprise du point de vue de l'homme ordinaire. L'*avadhuta* n'est pas identifié au corps et est complètement détaché de ce monde. Sa vision des choses est parfaitement inconcevable pour nous qui sommes encore plongés dans ce rêve d'illusion.

Fidèle à lui-même, le yogi essaya d'agripper Amma, qui avait à l'époque une vingtaine d'années. Elle arrêta aussitôt sa main d'une poigne de fer et lui dit : « Ignores-tu qui je suis ? Je connaissais ton père, ton grand-père et ton arrière-grand-père ! »

« Oh oui !, Tu es la divine Mère Kali elle-même. À l'avenir, les gens viendront des quatre coins du monde en ce lieu sacré pour recevoir ton *darshan* ! », répliqua le yogi avec un sourire empreint de béatitude. Amma lui donna alors une accolade affectueuse et il plongea en *samadhi* un très long moment. Amma le considérait comme établi dans l'état transcendant de Béatitude et le tenait donc en haute estime ; pourtant, elle estima que sa présence et

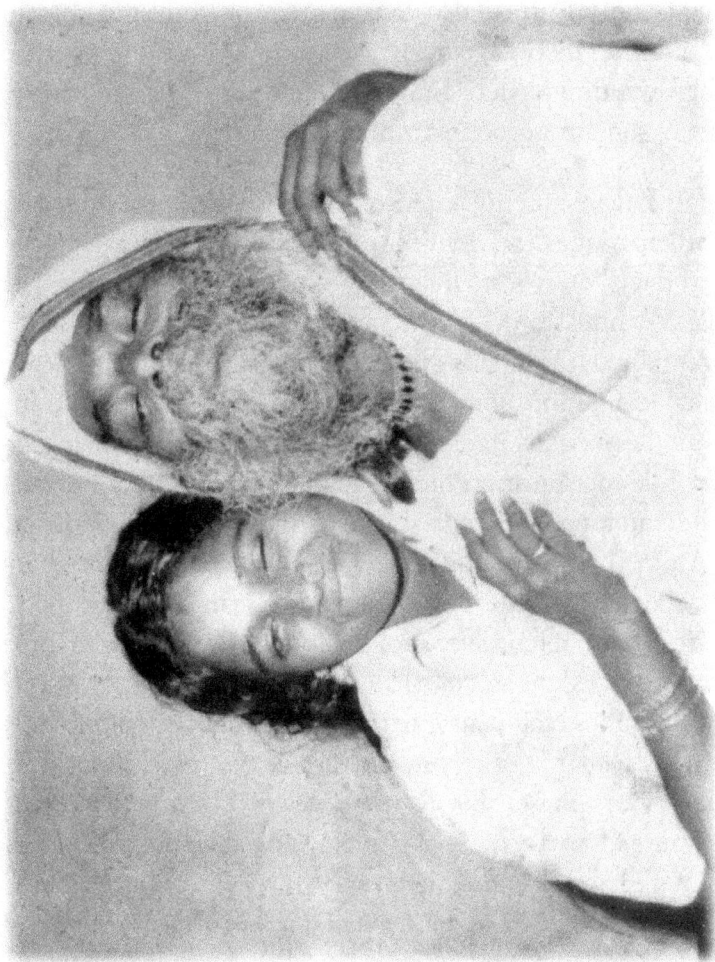

Amma avec Prabhakara Siddha Yogi

son exemple exerceraient une mauvaise influence sur les enfants spirituels qui viendraient à elle par la suite. Elle forma donc le vœu qu'il ne revienne pas avant longtemps et, de fait, nul ne le revit à l'Ashram pendant de longues années. À l'occasion de son trois centième anniversaire, il décida de quitter son corps du moment. Il rassembla ses disciples et ne leur dit qu'une chose : qu'ils aillent à Vallickavu dire à Mère Kali qu'il était parti. Tels étaient son respect et son amour pour Amma.

À l'époque de ma première rencontre avec Amma, un professeur de mathématiques était venu lui rendre visite. Il servait parfois d'interprète. J'étais resté quatre ou cinq jours sous le toit de la famille d'Amma, puis j'étais retourné passer un mois et demi à Tiruvannamalai avant de revenir m'installer définitivement à Vallickavu. Durant mon séjour à Tiruvannamalai, je rêvai une nuit que j'étais assis dans le temple d'Amma pendant le *Devi Bhava*. Elle me sourit et, me désignant du doigt l'homme assis à côté de moi, me demanda si je le connaissais. Je répondis que non. Amma mentionna que cette personne avait un bon niveau de détachement et de dévotion. Après quoi, je m'éveillai et appelai Chandru, qui habitait avec moi à l'époque, pour lui demander de noter ce rêve dans son journal, en indiquant le jour et l'heure. Je pensais qu'il s'était peut-être passé à Vallickavu quelque chose que j'aimerais par la suite pouvoir vérifier avec précision.

Trois jours plus tard, je reçus une lettre du mathématicien. Il m'écrivait : « Dimanche, je suis allé à Vallickavu pour recevoir le darshan d'Amma. Pendant le *Devi Bhava*, j'étais assis à ses côtés et je lui ai demandé de te donner son *darshan* à Tiruvannamalai. M'enjoignant de prendre le trident qu'elle tient parfois durant le *Devi Bhava*, elle me dit qu'elle te donnerait le *darshan*. Il était alors minuit. As-tu ressenti quoi que ce soit à ce moment-là ? » De fait, c'était le dimanche, à minuit, que j'avais rêvé d'Amma pendant le *Devi Bhava* ! Quelques jours plus tard, cet homme fit un rêve très vivant dans lequel Amma lui disait de me faire comprendre qu'elle était l'incarnation de la Mère divine.

Amma eut un jour la conversation suivante avec des dévots. Bien que pleines d'humour et typiquement dépourvues d'ego, ses paroles révèlent néanmoins sa véritable nature.

Amma : « Avant même la Création, le Seigneur Shiva avait prédit l'inévitable. Et ensuite, Il donna encore les instructions nécessaires sur la manière dont il convenait de vivre en ce monde. »

Question : « Que veux-tu dire par-là, Amma ? »

Amma : « Avant la Création, Shakti (la Nature primordiale, l'Énergie Cosmique) entendit une voix qui lui disait : « Il n'y a que désolation dans la Création. Tu ne devrais pas l'entreprendre. » C'était la voix de Shiva (la Conscience Pure). Shakti répondit : « Non, cela doit être accompli. » Ainsi, avant même la Création, Shiva avait donné à Shakti quelques notions sur la nature de la Création. C'est seulement après avoir prévenu Shakti que Shiva l'autorisa à créer.

« Après la Création, Lui, Shiva, aspect de la Conscience Pure, s'évanouit. En réalité, Il n'a rien à voir avec tout ce qui se passe autour de nous. Shakti courut ensuite à Lui pour se plaindre : « Je n'ai plus la paix. Regarde, les enfants me grondent. Ils me blâment pour tout. Personne ne prend soin de Moi. »

« Shiva lui répondit : « Ne t'avais-je pas dit qu'il en serait ainsi et que tu ne devais pas entreprendre la Création ? Mais tu as persisté et maintenant, tu fais un scandale. N'es-tu pas seule responsable de tout ce qui s'est passé ? Il n'y avait pas de problème du temps où j'étais tout seul, n'est-ce pas ? »

Amma : « Parfois, ici à l'Ashram, quand le désir de Dieu décline chez ses enfants, Amma ne peut le supporter. Elle ressent une peine indicible. Dans ces moments, Amma dit à ses enfants : Hélas ! Shiva m'avait bien dit de ne pas le quitter et de ne pas m'embêter avec tout cela. Regardez-moi, maintenant, je souffre. »

(*Tout le monde éclate de rire.*) Comment pourrais-je maintenant aller me plaindre à Lui ? Il me dirait : Ne t'avais-je pas prévenue ? »

Quelques dévots questionnèrent un jour Amma au sujet de sa réalisation de la Vérité. En ce temps-là, Amma avait coutume de se qualifier de « folle qui ne sait rien. » En cette occasion cependant, elle se montra plus explicite. Elle dit : « Amma n'a jamais senti qu'elle était différente de sa véritable Nature infinie. Il n'y a pas eu un temps où elle n'était pas Cela. Le moment de la connaissance, de la réalisation, fut une simple redécouverte, un dévoilement, dans le but de donner un exemple. Un *avatar* est toujours conscient de sa vraie nature. Il est la Conscience incarnée dans toute sa plénitude, sa splendeur et sa gloire.

L'espace est là avant la construction de la maison. Il est toujours là quand elle est achevée. La seule différence est qu'à ce moment-là, la maison est dans l'espace, elle existe dans l'espace. La maison occupe un petit espace dans le vaste espace. L'espace continuera à exister après la démolition de la maison. La maison apparaît et disparaît, mais l'espace demeure dans ces trois périodes, le passé, le présent et le futur. Seule une âme qui évolue pas à pas jusqu'au stade de la Conscience suprême retrouve sa vraie nature en levant le voile. Mais ce n'est pas le cas des Avatars. Les Avatars sont comme l'espace. Ils vivent toujours dans cette Conscience. Il n'y a pas pour eux de connaissance ou de réalisation. Ils sont éternellement Cela. »

Chapitre 2

Avant l'Ashram

L'Ashram n'a pas toujours été aussi paisible qu'il l'est aujourd'hui. Peu de temps après que je sois venu m'établir auprès d'Amma, en janvier 1980, un individu, poussé par de vieilles jalousies villageoises à son endroit, tenta d'empoisonner Amma au cours du *Krishna Bhava*. J'avais déjà entendu parler d'attentats, mais je fus le témoin oculaire de celui-ci.

À la fin du *Krishna Bhava*, Amma buvait toujours un peu de lait apporté par les dévots. Après tout, Krishna était célèbre pour son amour des produits laitiers, en particulier le lait et le beurre. Un soir, Amma fut terriblement malade après avoir bu de ce lait. Elle mena à terme le *Krishna Bhava*, mais se mit ensuite à vomir sans arrêt. Malgré tout, elle enchaîna peu après avec le *Devi Bhava*, comme à l'accoutumée. Avant qu'elle ne se rende au temple, les dévots l'implorèrent d'annuler le *darshan* et de se reposer. À ceci, elle répliqua :

« Mes enfants, la plupart des gens qui sont venus pour le *darshan* sont très pauvres. Beaucoup sont de simples journaliers. C'est en épargnant quelques dix ou vingt centimes par jour qu'ils parviennent à économiser assez pour venir voir Amma une fois par mois. Ils ont de la spiritualité une notion très limitée. Ils viennent à Amma pour trouver un peu de réconfort, pour recevoir d'elle une parole de consolation. Si nous leur demandons de revenir une

23

autre fois, il leur faudra attendre tout un mois avant de pouvoir se payer une seconde visite. Et puis, il y a quelques dévots originaires d'endroits éloignés qui ne viennent au *darshan* qu'une ou deux fois l'an. Ils seraient très tristes si le *darshan* était interrompu. Amma doit poursuivre le *darshan* aussi longtemps que possible. Et si elle s'écroule, il faudra y voir la volonté de Dieu. »

Amma réussit à terminer le *Devi Bhava*, mais il fallut fermer les portes du temple à plusieurs reprises pendant qu'à l'intérieur, elle vomissait. J'étais à ses côtés et j'éprouvais une peine immense à voir toute la souffrance qu'elle endurait dans l'intérêt des dévots. Enfin le *darshan* se termina. Tandis que Gayatri se prosternait devant elle, Amma s'effondra en glissant de son siège sur le sol, et l'on ferma les portes du temple.

Amma révéla alors toute la vérité sur cet épisode. Elle expliqua qu'à la fin du *Krishna Bhava*, une dévote lui avait offert du lait, comme le veut la coutume. Cependant, l'individu qui avait vendu le lait à cette dévote était un athée opposé à Amma. Apprenant que le lait allait lui être offert au cours du *Krishna Bhava*, il l'avait empoisonné. La dévote avait offert son lait en toute bonne foi. Amma nous dit qu'à la vue du lait, elle avait tout de suite su qu'il était empoisonné. Etonnés, nous lui demandâmes pourquoi elle l'avait bu. Elle répondit :

« Quand la dévote a offert le lait, Amma l'a d'abord refusé, sachant qu'il était empoisonné. La dévote en conçut un tel chagrin qu'elle se mit à pleurer. Par pitié pour elle, Amma a alors bu le lait. Les dévots apportent leurs offrandes avec de grandes espérances. Si Amma les refusait, ils en seraient très tristes. Alors Amma a bu le lait malgré le poison. Ne vous inquiétez pas mes enfants, Amma sera bientôt rétablie. » Amma regagna la maison et se coucha, épuisée et en proie à de grandes souffrances. Bhaskaran, grand dévot de la Mère divine qui habitait non loin de là, la veilla toute la nuit, chantant jusqu'au lever du soleil les louanges de la Déesse. Quelle voix ! Même sans comprendre les paroles, je sentais sa dévotion. À la qualité de sa voix, on pouvait affirmer que c'était un chantre émérite.

Bhaskaran traitait Amma comme sa propre fille quand elle était dans son état ordinaire, et comme le vecteur du Seigneur Krishna et de la Mère divine, avec respect, durant les *Bhavas*. Au fil des ans, il eut, par la grâce d'Amma, de nombreuses expériences merveilleuses. Pour gagner sa vie, il allait autrefois de village en village en chantant la *Srimad Bhagavatam* et d'autres textes sacrés, acceptant quelque argent dont on voulait bien rétribuer ses services. Il avait entendu parler du *Krishna Bhava* d'Amma et s'y était rendu quelques fois, sans être totalement convaincu que c'était bien Krishna Lui-même qu'il y voyait. Une nuit, il fit un rêve édifiant. Krishna lui apparut et lui dit : « Mon fils, cela fait tant d'années que tu erres de village en village, Me portant (la *Srimad Bhagavatam*) sous ton bras, et qu'y as-tu gagné ? Je suis là sous ton nez dans la Krishna Nada (la maison d'Amma) et tu ne me reconnais pas. Quelle sottise de ta part ! » Bhaskaran s'éveilla, ébahi. À dater de ce jour, il assista régulièrement au *Krishna Bhava*. Une fois, alors qu'il rentrait d'un village voisin, il passa devant un étang appartenant à un temple. Attiré par les fleurs de lotus qui y poussaient, il se dit : « Comme j'aimerais offrir une de ces fleurs à Krishna ! » Il alla trouver le prêtre du temple, lui exprima son souhait, et après avoir obtenu son autorisation, cueillit une des fleurs. Puis il se mit en route pour la maison d'Amma. En chemin, un adorable petit garçon l'arrêta et le supplia de lui donner la fleur. Bhaskaran se trouva confronté à un dilemme. Il ressentait une inexplicable sympathie pour l'enfant et était enclin à lui offrir la fleur pour lui faire plaisir ; il estimait cependant qu'il n'était pas convenable de donner à un être humain ce qui a été prévu pour l'adoration de Dieu. Finalement, son cœur parla plus haut que son sens du devoir et il donna la fleur au petit garçon. Quand

il arriva au temple, Amma était déjà en *Krishna Bhava*. Dès son entrée, elle l'appela et lui demanda dans un sourire : « Où est la fleur ? » Le cœur de Bhaskaran fit un bond dans sa poitrine. Il fut incapable de répondre un seul mot. Amma lui tapota alors affectueusement la tête et lui dit : « Ne t'en fais pas, ce petit garçon à qui tu as donné la fleur, c'était Moi, Krishna. »

Une nuit, vers la fin du *Devi Bhava*, Bhaskaran était assis à l'extérieur du temple. Amma le fit entrer, le bénit et lui donna un bâtonnet d'encens incandescent. Puis elle lui dit de rentrer chez lui sans délai. Il n'était que dix heures du soir et Amma termina le *Devi Bhava* peu après. Ceci était hautement inhabituel, car même lorsque les visiteurs étaient peu nombreux, le *darshan* se poursuivait au moins jusqu'à une ou deux heures du matin. Après le *darshan*, alors que nous étions assis autour d'elle, Amma dit : « Ce soir, un des mes enfants va mourir. » Nous nous regardâmes les uns les autres, avec un peu d'appréhension : « Qui donc, Amma ? » Mais elle ne répondit pas. Nous regagnâmes alors la hutte et nous couchâmes. Tout à coup, on entendit s'élever de l'autre bout du village des lamentations à fendre l'âme. Amma se leva aussitôt et alla se poster dehors, regardant intensément en direction de la maison de Bhaskaran. Puis elle nous appela et nous nous rendîmes à pied sur les lieux. À notre entrée, la femme de Bhaskaran cessa de pleurer. Elle intima aussi à ses enfants de se taire, car Amma était venue. Son respect pour Amma était tel que, même en cette circonstance extrêmement douloureuse, elle tenait à ce que l'on montre à Amma tout le respect qui lui est dû. Le corps de Bhaskaran gisait sans vie sur un matelas à même le sol. Amma demanda comment la fin était survenue. L'épouse répondit : « Il est rentré, a pris son repas et s'est couché en disant qu'il avait une petite douleur dans la poitrine. L'instant d'après, il était mort. » Nous restâmes un certain temps à le veiller, puis retournâmes à l'Ashram avec Amma. Sur le chemin du retour, nous lui demandâmes : « Eh bien ! Amma, quel fut son sort après la mort ? »

« Où aurait-il pu aller, si ce n'est au royaume de la Déesse ? », répondit Amma. Un léger sourire illuminait son visage.

En ce temps-là Amma avait coutume, au début du *Devi Bhava*, de sortir du temple et de se mettre à danser en extase, tenant à la main un sabre et un trident. Elle avait vraiment l'apparence farouche de la déesse Kali, la langue pendante, un râle s'échappant de ses lèvres. Parfois, elle était dans une telle extase qu'elle se roulait par terre en riant aux éclats. À voir Amma dans un tel état, nous nous disions que nous ne la comprenions pas du tout. C'est dans ces moments-là qu'il nous fallait être particulièrement attentifs à notre façon de jouer. La mélodie et le rythme devaient être absolument parfaits.

Une nuit, pendant qu'Amma dansait, je fis une fausse note à l'harmonium (instrument à vent qui ressemble à un orgue miniature). Amma fondit sur moi et abattit son sabre sur l'harmonium. Voyant le sabre fendre l'air, je retirai prestement ma main et bien m'en prit, car elle fit dans l'instrument une profonde entaille à l'endroit précis où, l'instant d'avant, se trouvait ma main. Mon voisin, qui jouait des *tablas* (percussions), fit une erreur dans le rythme. Le sabre s'abattit à nouveau, décapitant l'instrument ! Évidemment, nous étions effrayés et un peu fâchés. Nous évitâmes Amma le restant de la soirée, pensant qu'elle était en colère contre nous. Pourtant, après le *darshan*, elle nous dit avec amour :

« Quel que soit mon état, je suis toujours votre mère. Il n'y a pas lieu d'avoir peur. Je n'étais pas en colère pour Moi-même, mais plutôt pour les êtres subtils qui goûtaient cette musique. »

« Que veux-tu dire, Amma ? »

« Pendant que je danse, de nombreux êtres viennent me voir dans cet état. Je les vois comme des petits points de lumière animés d'une pulsation. Leur être tout entier se laisse absorber dans le rythme et la mélodie de la musique. Quand vous faites une erreur, c'est un choc terrible pour tout leur système. Imaginez que vous soyez totalement absorbés dans une merveilleuse mélodie et que, tout à coup, les musiciens se mettent à jouer faux. Que ressentiriez-vous ? Ce serait très pénible, n'est-ce pas ? C'est pourquoi, en voyant leur souffrance, je me suis mise en colère contre vous.»

À ce point du récit, une discussion sur les niveaux subtils d'existence serait sans doute à propos.

Nous avons un corps physique, fait de chair, d'os et de nerfs, ainsi qu'un corps plus subtil, appelé esprit, fait de pensées et de sentiments, et enfin un corps causal dans lequel l'esprit se fond dans le sommeil profond. Dieu possède de même ces trois corps distincts, mais à l'échelle de l'univers. Les textes de l'Inde ancienne, comme Amma, nous disent que cette Terre n'est que la manifestation la plus grossière du corps universel de l'Être Cosmique. Il existe de nombreux autres plans d'existence que nous ne pouvons voir avec nos yeux de chair. Ils sont peuplés d'une variété infinie d'âmes vivantes. C'est de là que nous venons à la naissance et c'est là que nous retournerons après avoir quitté notre corps physique, à la mort. Comme le dit le Sri Krishna dans la *Bhagavad Gita* :

« Ô Partha, ni dans ce monde ni dans le suivant il n'est de destruction pour lui. Mon fils, en vérité, il n'advient jamais rien de mal à celui qui fait le bien. Ayant atteint les mondes des vertueux et y ayant séjourné une éternité, s'il n'a pas réussi dans le yoga, il renaît dans la maison d'êtres riches et purs, ou bien dans une famille de sages yogis. En vérité, une telle naissance est excessivement difficile à obtenir en ce monde. Là, il prend conscience de l'acquis de son incarnation précédente et, plus encore que par le passé, se voue à la recherche de la perfection, Ô fils des Kurus. »

(VI, 40-43)

Celui dont la conscience, grâce à une longue discipline, est devenue subtile et stable, peut percevoir les mondes subtils. Dans ces mondes, comme ici-bas, il existe des êtres bons et des êtres malfaisants. Comme les humains, ils possèdent divers degrés de puissance spirituelle. Tous les beignets peuvent bien se ressembler de l'extérieur, certains sont fourrés à la crème, d'autres à la confiture, d'autres encore au chocolat. De même, la « farce » interne des êtres vivants, c'est-à-dire leur corps subtil, varie selon leur degré d'évolution spirituelle. Tous les êtres naissent effectivement égaux, mais uniquement en ceci que la même étincelle de divinité, la conscience et la vie, sont également présentes en tous. Hormis cela, tout diffère d'une âme à l'autre.

Dans les premiers temps de l'Ashram, nombre de gens venaient à Amma pour se faire exorciser. Dans les cas de possession, certaines créatures subtiles sont en état de souffrance émotionnelle ; d'autres sont affamées ou assoiffées sans pouvoir assouvir leur besoin. C'est pourquoi elles guettent l'occasion d'interférer avec les êtres du plan physique et d'apaiser ainsi leur souffrance. Pour tenter de s'en débarrasser, la plupart des gens font appel à des exorcistes ou à des spécialistes de magie blanche qui connaissent divers mantras susceptibles de chasser ces entités.

Peu avant mon arrivée chez Amma, j'avais connu une jeune fille possédée par une créature subtile très puissante. Autrefois, cette jeune fille avait habité, avec sa malheureuse famille, un appartement de location dans une maison qui abritait également d'autres locataires. Il se trouva qu'un des voisins, éprouvant de la compassion pour cette famille, construisit une petite maison et la leur offrit. Malheureusement, un des colocataires en conçut de la jalousie et décida de tuer le père de famille en usant de magie noire. Flanqué d'un magicien, il alla frapper à la porte de la nouvelle maison, mais au lieu du père, c'est la jeune fille qui vint ouvrir. Aussitôt, elle fut terrassée par une terrible force et s'écroula. À compter de ce jour, elle ressentit un grand vide intérieur, et peu à peu commença à entendre intérieurement la voix d'un homme. Dès que quelqu'un s'approchait avec l'intention de la libérer de cette possession, l'esprit malin se mettait à lui tordre les boyaux comme une serviette mouillée, et la jeune fille poussait de tels hurlements qu'on pouvait l'entendre à des kilomètres à la ronde.

L'esprit malin finit par lui dire qu'il avait été dans sa vie précédente un *brahmane* vertueux, vivant dans une hutte et pratiquant la méditation sur les rives d'une rivière sacrée. Un visiteur lui laissa un jour un livre de magie noire. Au début, cela ne l'intéressa pas mais, par la suite, la curiosité l'emporta. Il le lut et commença à faire des expériences, afin de voir s'il parvenait réellement à contrôler les forces du plan subtil au moyen des mantras prescrits. En définitive, ses expériences causèrent la perte de nombreuses victimes innocentes et la sienne propre.

La famille de la jeune fille avait tout essayé pour la délivrer de cette possession, mais en vain. Un jour, la jeune fille entendit une autre voix, laquelle prétendait être le guru de la famille. Il l'assura qu'il la sauverait si sa mère faisait vœu de jeûner indéfiniment jusqu'à ce que l'esprit malin soit vaincu. Ceci fut rapporté à la mère, qui se mit aussitôt à l'eau et au jus de citron. En définitive, la mère devint si faible qu'elle mourut, laissant le père et la grand-mère seuls pour prendre soin de la jeune fille. Celle-ci, entre-temps, était devenue complètement grabataire. À l'évidence, la seconde voix n'avait été que supercherie de l'esprit malin.

Profondément désolé pour cette famille, je narrai toute leur histoire à Amma, en lui demandant si elle pouvait quelque chose pour eux. Elle répondit :

« Dis-leur de venir ici. Aucun esprit malin n'est plus fort que la Déesse. Elle soulagera sans aucun doute cette jeune fille. » Par lettre, je fis part à la famille des paroles d'Amma, mais je ne reçus jamais de réponse. Il était presque impossible de transporter la jeune fille, car l'esprit malin redoublait alors ses tortures. Quel terrible destin ! Peut-être était-elle déjà morte quand ma lettre leur parvint.

Un soir, un homme qui avait beaucoup de problèmes physiques vint à l'Ashram pour le *Devi Bhava*. Il avait consulté de nombreux docteurs au cours des semaines précédentes, mais aucun n'avait pu l'aider. Finalement il avait entendu parler d'Amma, refuge des démunis, et était venu la voir. J'étais dans le temple à ce moment-là, et j'entendis Amma lui demander si un membre de sa famille était récemment décédé d'une morsure de serpent. Il répondit qu'en effet son frère était mort quelques semaines plus tôt d'une morsure de cobra. Amma demanda alors si les rites funéraires avaient été observés et apprit que, pour quelque raison, l'homme n'avait pas accompli pour le défunt les rites et les cérémonies prescrits. Elle lui dit que ses problèmes physiques étaient causés par son frère. Celui-ci essayait d'attirer son attention sur son triste état dans l'au-delà, parce qu'il souhaitait les rites funéraires appropriés. Amma demanda alors à l'homme de s'asseoir devant elle. Elle projeta une grande quantité de fleurs dans le vide, juste au-dessus de la tête de l'homme, et pendant tout ce temps, elle n'arrêtait pas de sourire en fixant cet endroit précis. J'avais beau en faire autant, je ne voyais rien, bien sûr. L'homme s'en fut après le rite d'Amma. Par la suite, nous apprîmes que ses problèmes avaient disparu.

Lors d'un autre *Bhava darshan*, j'étais assis à côté d'Amma lorsqu'un dévot se présenta au *darshan*. Comme il posait sa tête dans le giron d'Amma, son corps se mit à trembler légèrement.

Amma se tourna vers moi avec un sourire et fit de la main un geste suggérant un serpent prêt à mordre. Brusquement, l'homme sursauta et se mit à se rouler par terre. Il quitta le temple en rampant sur le dos, pour y revenir immédiatement après, toujours rampant. Il était étendu sur le dos, les yeux tournés vers la porte du temple, à l'opposé d'Amma. Elle fit signe de la main qu'il devait ressortir. Bien qu'il n'ait en aucun cas pu voir son geste, il ressortit immédiatement en rampant sur le dos. Un peu plus tard, il reprit ses esprits. Amma me confia plus tard que cet homme était régulièrement possédé par un *naga*, un être subtil qui, dans ce plan d'existence, est relié à la famille du cobra. Ces êtres se mettent en colère lorsqu'on tue un cobra et créent des ennuis à ceux qui le font. Amma peut voir tous les plans d'existence et rien de ce qui peut se produire dans l'un d'eux ne saurait la surprendre ou l'effrayer. Elle perçoit toute chose comme les aspects variés de son propre Moi, comme un rêveur sait que le rêve est la projection de son esprit.

Au début des années soixante, un phénomène très curieux se produisit dans un petit village de l'Andhra Pradesh, l'un des états de l'Inde. Un villageois cheminait à travers champs, lorsqu'il découvrit un cobra blanc sur le sentier. Il n'avait jamais vu un cobra de cette couleur, il n'en avait jamais entendu parler, et soupçonna qu'une créature surnaturelle se cachait peut-être sous cette forme. L'identifiant au dieu Subrahmaniam, fils de Shiva, il étendit sa chemise sur le sol, devant le cobra, et se mit à prier : « Si tu es le Seigneur Subrahmaniam, je t'en prie, monte sur ce vêtement et je te porterai au temple. » À sa grande surprise, le serpent se glissa sur le vêtement et s'y tint docilement pendant que l'homme l'emmenait au temple de Shiva du village. L'ayant posé à terre, l'homme vit le serpent se glisser dans l'étang voisin du temple, prendre son bain, puis se diriger vers le sanctuaire du temple. Il fit d'abord un tour autour de l'effigie de Ganesh, puis s'enroula sur le *lingam* de Shiva, la tête parfaitement dressée.

Apprenant ceci, les foules affluèrent des villages voisins pour voir cet extraordinaire serpent. Les jours passaient, et le serpent ne mangeait rien. Finalement, quelqu'un eut l'idée de le vénérer. Au cours du rituel, on offrit une coupe de lait au serpent. Dès que les mantras appropriés eurent été récités, le cobra se pencha et but tout le lait ! À dater de ce jour, le serpent devint la mascotte du village. Il se laissait vénérer, nourrir, câliner et caresser, même par les plus jeunes enfants. Chaque jour, il prenait un bain dans l'étang et, après avoir fait le tour des autres divinités du temple, revenait prendre sa place sur le *lingam*. Des milliers de personnes commencèrent à affluer vers ce village reculé et le gouvernement dut financer la construction d'une route, l'organisation d'un service d'autobus et l'électrification du village. Beaucoup de saints vinrent recevoir le *darshan* du serpent sacré. Un jour qu'un de ces *Mahatmas* était assis devant le temple, chantant en s'accompagnant à l'harmonium, le serpent quitta le saint des saints, se hissa sur l'harmonium et de là s'enroula autour des bras et du cou du sage. Puis il se laissa glisser au sol et regagna le temple, laissant le swami en extase. Ce swami se trouvait être un de mes amis et il me rapporta l'incident avec une grande émotion.

Jaloux de la prospérité du temple, un vaurien s'empara un jour du serpent et le tua. Il captura ensuite un cobra tout ce qu'il y a d'ordinaire et, après lui avoir cousu la gueule, il l'installa sur le *lingam*. Quelques heures plus tard il revint voir quelle tournure prenaient les événements, mais le serpent avait réussit à desserrer ses sutures et le mordit. L'homme mourut peu après d'une mort affreuse.

J'étais allé dans ce village, j'avais vu des photos du serpent miraculeux qui se laissait caresser et adorer par les enfants et n'étais pas surpris quand, à l'occasion, survenaient autour d'Amma des incidents reliés à des divinités-serpents. Très certainement, il existe des plans d'existence que notre vision extérieure ne peut percevoir.

Un jour, alors qu'Amma dansait lors d'un *Devi Bhava*, un homme se présenta avec de mauvaises intentions. Amma sortit du temple, tenant à la main le trident et le sabre, et se mit à danser sur l'aire dégagée devant le temple. L'homme s'empara du sabre, essayant de l'arracher à Amma. Il n'y parvint pas mais meurtrit la main d'Amma. Aussitôt, la foule entière se jeta sur lui et lui administra la raclée de sa vie. Témoin de tant de violence, je me mis à trembler comme une feuille. Amma, qui dansait dans un autre coin de l'aire, ne pouvait en aucun cas me voir dans cet état. Aussi fus-je surpris lorsque, le *darshan* terminé, elle me regarda et me dit en riant : « Pourquoi tremblais-tu si fort, quand cet homme a tenté de me faire du mal ? Parce qu'il a reçu le châtiment immédiat de sa mauvaise action, il n'aura pas à souffrir par la suite. »

À quelque temps de là, il y eut un nouvel incident contre l'Ashram. C'était la fin du *Krishna Bhava*. Amma était en extase tandis que nous chantions les noms du Seigneur. Après avoir lancé à ses dévots un dernier regard plein d'amour, elle recula dans le temple, dont les portes se refermèrent doucement. La musique s'éteignit, un grand calme descendit progressivement sur la scène. L'assemblée était debout en prière silencieuse, plongée dans la dévotion envers Amma sous la forme de Krishna.

Tout à coup, un homme d'apparence brutale qui se tenait devant Gayatri se mit à hurler quelque chose. Il semblait passablement ivre. Se ralliant au cri de leur chef, quelques ruffians s'avancèrent du fond de la foule et encerclèrent le père d'Amma. Ils commencèrent à le bousculer, faisant tomber ses lunettes. Furieux, Sugunanandan leur enjoignit en criant de quitter les lieux. C'est alors que le meneur de bande brandit ce qui semblait être une arme meurtrière de fabrication artisanale : une ceinture munie à une extrémité de lourds crochets de métal. Il semblait sur le point d'en frapper le père d'Amma. Gayatri fondit sur lui, lui arracha la ceinture et prit la fuite à toutes jambes pour échapper à son courroux. Plusieurs dévots se portèrent en avant pour la protéger et une bagarre s'ensuivit rapidement. Gayatri parvint à se dégager de la mêlée et courut pousser le loquet de la porte du temple, enfermant Amma à l'intérieur de peur qu'elle ne sorte et se fasse attaquer par l'une des brutes. Étant chargé d'assister Amma à la fin du *darshan*, je me trouvais déjà dans le temple avec elle. Balu et Srikumar nous avaient rejoints pour la protéger. De l'extérieur, autour du temple, nous provenaient des bruits effroyables, cris, hurlements et fracas de choses que l'on saccage. Dans le temple, Amma rugissait « Kali ! Kali ! » et tentait de sortir, mais nous l'en empêchions. Nous dûmes la retenir de force, de peur qu'une de ces brutes ne lui fasse du mal. Gayatri se faufila jusque derrière le temple et cacha l'arme sous un tas de vieilles planches, avant de revenir prestement monter la garde à la porte du temple. En un clin d'œil, la moitié de la jeunesse du village était arrivée, prête à en découdre. Les dévots, d'habitude pacifiques, montraient qu'ils étaient résolus à se battre pour Amma. En quelques intants, une cinquantaine d'hommes luttaient, accompagnés par les cris anxieux des femmes. On aurait dit une scène du Mahabharata.

Personne ne comprenait vraiment ce qui se passait, ni la raison de cette bagarre. Au bout d'environ vingt minutes, la lutte se calma et les villageois quittèrent les lieux. De nombreux dévots et membres de la famille étaient légèrement blessés mais, à notre grand soulagement, il n'y avait aucun blessé grave. Quand Gayatri rouvrit les portes du temple, Amma se précipita, exprimant sa sollicitude envers les blessés. Elle caressa avec amour ceux qui avaient des bosses ou des yeux au beurre noir, parmi lesquels quelques-uns de ses proches parents. Puis elle s'adressa au groupe :

« Mes enfants, de nombreux locaux sont hostiles à Amma et cherchent par tous les moyens à la détruire, elle et l'Ashram.

Entraînés par leur ignorance et leur jalousie, les jeunes d'environ vingt foyers se sont retrouvés ici ce soir dans l'intention d'attaquer les proches d'Amma et de tuer Amma. Il y a environ deux semaines, Amma avait prévenu Sugunanandan de l'éventualité d'une attaque et lui avait conseillé de ne pas s'attarder trop longtemps à l'extérieur. Elle lui avait aussi recommandé d'éviter de se disputer avec quiconque, car elle sentait que les gens cherchaient la provocation. »

Amma se tourna vers Sugunanandan et lui dit avec beaucoup d'amour : « Même si des gens te malmènent, tu dois apprendre à rester calme et serein. Nous nous en remettons à l'Être suprême. Il nous faut donc apprendre à voir Dieu en chacun, quelles que soient les circonstances, et à accepter d'un cœur détaché les louanges comme les mauvais traitements.

Sugunanandan parut un peu étonné et répliqua :

« Mais, deux de ces vauriens se sont présentés ici ce matin même en disant qu'ils avaient faim, et nous leur avons donné de l'argent. Et voilà qu'ils reviennent le soir pour nous tabasser ! »

À ceci Amma répliqua :

« Ils ne font que manifester leur nature. Quel que soit leur comportement, nous devons nous en tenir à notre *dharma* et essayer de voir l'Unité de Dieu en chacun. »

Amma s'adressa de nouveau aux dévots :

« Mes enfants, voyons dans cet incident l'occasion d'étudier nos propres réactions. Il ne s'agit pas pour nous de surenchérir ou de nous dresser contre des moulins à vent. Nos actions ne devraient en aucun cas dépendre des paroles qui sortent de la bouche de ces voyous. Ne perdons pas les diamants de paix que nous avons acquis par notre *sadhana* pour des cacahuètes. La vie spirituelle sert à briser la carapace d'ego qui recouvre notre Soi, et non à la cultiver. Dans des circonstances difficiles comme celles-ci, il nous faut beaucoup de patience et une grande foi. Dieu nous protège. Si nous nous en remettons complètement à Lui, Il prendra soin de nous. Si nous parvenons à capturer la reine des abeilles, l'essaim tout entier nous servira et nous protégera. »

« Mes enfants, soyons dorénavant très prudents. Efforçons-nous d'éviter les situations qui risquent de nous faire perdre notre équilibre. Gardons un cœur ouvert et restons confiants en Dieu. Si nous essayons de vaincre leur ignorance par la force, ils recommenceront avec encore plus d'esprit de revanche. Souvenez-vous, mes enfants : la haine n'éteint jamais la haine, seul l'amour peut le faire. »

Ayant réconforté les dévots, Amma retourna au temple pour commencer le *Devi Bhava*. À beaucoup d'entre nous, elle parut ce soir-là encore plus aimante que d'habitude, comme si elle voulait exprimer à quel point elle appréciait le courage que les dévots avaient manifesté.

Bien entendu, la bagarre devint aussitôt le principal sujet de conversation des villageois. Les rumeurs allaient bon train et nous sûmes bientôt que beaucoup de gens jetaient tout le blâme sur Amma. Le moment paraissait bien choisi pour rester dans l'enceinte de l'Ashram et éviter autant que possible le village. En ce temps-là, même dans les circonstances ordinaires, certains villageois ne perdaient aucune occasion de s'en prendre à Amma. Si elle venait à passer devant chez eux, ils ordonnaient à leurs enfants de la huer et de lui jeter des pierres. Pour éviter cela, les disciples avaient prié Amma de renoncer aux longs parcours par les rues, mais elle avait refusé.

Témoin de tout cela, je me demandais si je désirais réellement m'établir de façon permanente à Vallickavu. En fait d'Ashram, c'était un véritable champ de bataille ! Étais-je prêt à mourir ici au milieu des combats ? En définitive, je conclus qu'il n'y avait pas vraiment le choix : je ne pouvais pas jouer les poules mouillées et abandonner Amma. Comme le dit la *Bhagavad*

Gita, mieux vaut mourir en accomplissant son devoir que vivre en faisant celui d'un autre. Par bonheur, cette bagarre marqua la fin des incidents violents. Néanmoins, au fur et à mesure qu'on me révélait l'histoire d'Amma, j'évaluais mieux l'étendue de sa bravoure. Cet incident n'était qu'une peccadille comparé à ce qui se passait jadis, bien avant mon arrivée, du temps où le « Comité des Mille » s'était constitué pour détruire Amma. Elle fit front complètement seule. Même sa famille ne la protégeait pas. Elle demeura cependant inflexible en dépit du harcèlement permanent. Le comité regroupait plus de mille jeunes gens de la région côtière, mus par une commune brutalité et par divers intérêts particuliers. Ils employèrent différents moyens, soit pour démontrer qu'il s'agissait de sa part d'une supercherie, soit pour la tuer, mais ils échouèrent chaque fois lamentablement. D'ailleurs, nombreux sont les membres du Comité qui devinrent d'ardents dévots d'Amma après avoir fait l'expérience de ses pouvoirs divins et bienfaisants. Un des chefs de file épousa même par la suite une sœur d'Amma.

Essayons de nous imaginer, adolescent, dans la position d'Amma. Même entouré de parents et d'amis, si notre vie était menacée, nous aurions peur. Amma n'avait personne au monde. Comment expliquer son exceptionnelle vaillance dans des circonstances aussi accablantes ? Son remarquable courage ne peut se comprendre que par son état naturel d'identité consciente avec Dieu, par le fait qu'elle sait que ce monde, apparemment concret, et le corps qui y vit, ne sont qu'un rêve illusoire projeté sur l'écran indestructible de la Conscience. Il n'y a pas d'autre explication possible. Certains se prétendent d'emblée identifiés à Dieu dès qu'ils optent pour une vie spirituelle. Mais en est-il un seul qui aurait pu demeurer sans peur en pareilles circonstances ? C'est aux actes que l'on juge une personne.

Au début de mon séjour à Vallickavu, je ne parlais pas la langue d'Amma, le Malayalam. Par chance, Balu (Swami Amritaswa-rupananda), Srikumar (Swami Purnamritananda) et un très dévoué père de famille du nom de Krishna Shenoy, venaient régulièrement à l'Ashram, et tous parlaient couramment l'anglais. Monsieur Shenoy est l'auteur de nombreux chants dévotionnels très émouvants, par lesquels il supplie Amma de lui accorder sa grâce pour surmonter ses difficultés. Parfois les dévots, comme ce fut le cas pour Monsieur Shenoy, s'éveillent brutalement à leur relation immémoriale avec Amma. Amma dit : « Souvenez-vous que tous ceux qui, dans cette vie, sont associés à Amma étaient également avec elle dans leurs vies passées. Vous ne pouvez voir que cette vie-ci et en conséquence, vous pensez que vous ne connaissiez pas Amma auparavant. Nul ne garde le souvenir de sa relation à Amma dans les vies antérieures. Il y a pour chacun un moment prédestiné où il vient à Amma. Certains viendront plus tôt, d'autres plus tard, mais tous les enfants d'Amma ont de tous temps été avec elle. Ils viennent à elle à des moments divers, parfois après avoir entendu parler d'elle ou après avoir vu sa photo. Pour d'autres, c'est un enregistrement des *bhajans* d'Amma qui joue le rôle décisif. Certains viennent à elle après avoir rencontré un de ses enfants spirituels. D'autres encore ne prennent conscience de leur relation à Amma que par le contact direct avec elle. Certains parlent d' « avant d'avoir rencontré Amma », mais il n'existe rien de tel. Tous les enfants d'Amma la connaissent déjà depuis long-temps. Bien que nul n'en ait conscience, la protection d'Amma a toujours été avec eux. »

La première rencontre de Krishna Shenoy avec Amma avait complètement bouleversé sa vie. À quarante-cinq ans, c'était un communiste pur et dur. Toute sa famille désirait aller un jour voir Amma et insistait pour qu'il les accompagne. Dans un moment de faiblesse, il accepta. Ils se rendirent à Vallickavu un jour de *Bhava darshan* et comme ils étaient arrivés en avance, ils s'assirent sous un arbre près du temple. Non loin de là, un groupe d'adolescentes parlaient et s'amusaient. Toutes étaient vêtues à l'identique de jupes et de chemisiers bariolés et toutes semblaient être du village. Tout à coup, Monsieur Shenoy sentit une force irrésistible le pousser vers une des jeunes filles. Comme en transe, il se dirigea vers leur groupe. Tombant à genoux, il posa sa tête dans le giron de l'une d'elles et se mit à pleurer comme un bébé. Il resta là un long moment à pleurer et quand il se redressa finalement, complètement sonné, la fille le regardait en souriant et lui dit : « Mon enfant, je t'attendais. Tu n'as plus rien à craindre. Je serai toujours avec toi. » À nouveau, Monsieur Shenoy éclata en sanglots. Finalement, il se leva et retourna s'asseoir sous l'arbre. Les siens lui demandèrent : « Tu es déjà venu ici ? » Il répondit : « Je n'y ai jamais mis les pieds. C'est la première fois que je viens. »

« Mais alors, comment as-tu su laquelle de ces filles était Amma ? Rien ne la distingue des autres. »

« Je n'ai pas la moindre idée de ce qui s'est passé, ni de comment cela s'est passé », répondit Monsieur Shenoy.

Je vous laisse imaginer ce qui serait arrivé si la jeune fille n'avait pas été Amma !

À la suite de cela, une grande transformation s'opéra en Monsieur Shenoy. Il coupa les ponts avec ses amis communistes et devint membre du comité local du temple le plus proche de chez lui. Ce temple était en triste état et les dévots décidèrent d'en ériger un autre pour abriter les *nagas*, divinités que l'on représente avec un corps de serpent et une tête humaine. Ils emportèrent les effigies sacrées dans un terrain voisin et y construisirent le nouveau temple. La veille de la consécration du temple, Monsieur Shenoy vint à Vallickavu pour recevoir la bénédiction d'Amma et l'inviter à la cérémonie. Il entra dans le temple pendant le *Devi Bhava*. En le voyant, Amma lui dit « Je sais pourquoi tu es venu.

Ne t'inquiète pas, tout ira bien. J'irai au-devant et ferai sentir ma présence dans le nouveau temple. »

Monsieur Shenoy retourna à son village par le premier bus. En arrivant au temple, il trouva tous les membres du comité attroupés devant l'entrée du temple, très excités. Il se demanda pourquoi ils n'étaient pas occupés aux préparatifs de la cérémonie, et s'enquit de ce qui se passait. Ils répondirent : « Il y a une heure, un cobra est venu ici. Il a fait le tour des effigies des *nagas*, puis il est entré dans le temple. Nous l'avons suivi avec une lampe de poche mais sans parvenir à le localiser. Il n'aurait pas pu s'échapper sans que nous le voyions et à présent, voilà que le saint des saints est rempli d'une forte odeur de jasmin. » Les cérémonies terminées, Krishna Shenoy retourna à l'Ashram. Avant qu'il ait pu ouvrir la bouche, Amma lui dit : « J'espère que tu es satisfait de mon apparition au temple. J'y suis arrivée bien avant toi, puis je suis revenue. » Inutile de dire qu'après cet incident, la dévotion de Monsieur Shenoy devint inébranlable. Il finit par venir s'installer à l'Ashram.

Un matin, alors que nous étions tous assis autour d'Amma, Sarasamma, une dévote d'Amma qui habitait un village à une quinzaine de kilomètres de l'Ashram, arriva en courant et se laissa tomber dans les bras d'Amma en sanglotant de façon hystérique. Amma se contenta de rester assise, arborant un sourire empreint de béatitude. Au bout d'un certain temps, Sarasamma reprit un peu ses esprits, se redressa et tenta de parler mais les mots lui restèrent coincés dans la gorge. Un long moment s'écoula avant qu'elle commence à raconter l'aventure édifiante qui lui était arrivée la veille. Voici ses paroles :

« J'ai quitté l'Ashram vers quatre heures du matin avec mon fils Madhu et nous avons pris le bus à Vallickavu. Il faisait encore nuit noire quand nous atteignîmes notre village, vers cinq heures du matin. Je descendis à l'arrêt que je croyais tout proche de la maison en pensant que mon fils, lui, descendait par l'autre porte.

Dès que j'eus débarqué, le contrôleur du bus fit tinter sa clochette et le bus s'éloigna dans la nuit. Regardant autour de moi, je ne vis pas mon fils et me rendis compte alors que j'étais dans un endroit désert, à deux kilomètres environ de chez moi. Mon fils me rapporta par la suite qu'en se retournant sur son siège, il avait eu un choc en ne me voyant plus. Il descendit à l'arrêt suivant et se mit à rebrousser chemin au pas de course pour me rejoindre, mais j'étais loin.

Perplexe et ne sachant que faire, je me remémorai les paroles d'adieu d'Amma : « Sois très prudente aujourd'hui. » Je tenais fermement dans ma main droite le *prasad* d'Amma (en général de la nourriture ou des fleurs qui ont été bénies). Un peu plus haut sur la route, je vis un camion s'arrêter. Sept ou huit hommes en descendirent et se dirigèrent vers moi. Peut-être avaient-ils vu une femme seule descendre du bus à cet endroit désert. Encerclée par ces brutes, je tremblais de peur. Ils me bombardaient de questions dans un langage des plus vulgaires. Je pensais qu'ils allaient me tomber dessus d'un moment à l'autre. Une rage terrible s'alluma en moi. Est-ce donc là le sort de ceux qui vont voir la Mère Divine ? Est-ce là le fruit d'une vie entière de dévotion ? Ces pensées faisaient rage en moi et, perdant conscience des circonstances, je me mis à hurler de toutes mes forces : « Amma ! » Ceci démonta les rustauds qui m'entouraient.

La suite est difficile à raconter. Soudain, de façon tout à fait inattendue, la forme lumineuse de la Mère divine m'apparut dans le ciel. Elle avait d'innombrables bras, tenant des armes variées. Elle chevauchait une créature énorme. Son visage, Ses cheveux et Sa couronne ressemblaient tout à fait à ceux d'Amma pendant le *Devi Bhava*. Amma avait revêtu la forme terrible de Kali afin de sauver sa dévote ! Au moment où je pris conscience de cela, je perdis le sentiment de la réalité extérieure. La Mère divine me tendit les bras. Contemplant Sa forme radieuse, mes yeux devinrent fixes et exorbités. Ma langue se mit à pendre comme celle de Mère Kali. Je sentis une force incroyable envahir mon corps et j'éclatai d'un rire effrayant, un rire dont le seul souvenir me donne des frissons dans le dos. L'air résonna du bruit épouvantable de ce rire. Les hommes, qui s'apprêtaient à fondre sur moi restèrent interdits devant ce personnage effrayant, hurlant de rire, qui leur faisait face sans peur, la chevelure en bataille, les yeux exorbités et la langue pendante. Sans doute ont-ils cru que j'étais un esprit malin et non un être humain ! Perdant toute superbe, ils suspendirent leurs gestes et battirent en retraite, reculant pas à pas. Puis ils sautèrent dans le camion et s'enfuirent. Après leur départ, je restai incapable de bouger. Peu à peu, je repris conscience, en même temps que s'estompait la forme enchanteresse de Mère Kali. Mon corps était tout engourdi, comme paralysé. Au bout de quelques minutes, je pus bouger un peu, et ma langue reprit sa place habituelle dans ma bouche. Mais je ne pouvais toujours pas bouger les yeux, exorbités. Ils ne redevinrent normaux qu'une fois que je les eus massés un certain temps. À la suite de ce rire effrayant, ma gorge était extrêmement douloureuse. Baissant les yeux, je vis que je tenais toujours dans mon poing fermé le *prasadam* d'Amma. »

Pendant tout ce récit, Amma demeura immobile, un sourire gracieux et omniscient jouant sur ses lèvres.

Chapitre 3

Naissance de l'Ashram

En 1982, l'Ashram d'Amma fut officiellement fondé en tant qu'institution caritative à but non lucratif. À l'époque, il ne comptait pas plus de dix personnes, en incluant Amma. Quand Gayatri et moi-même vînmes nous installer à Vallickavu, début 1982, seul un *brahmachari* du nom d'Unnikrishnan y résidait à plein temps. Grand dévot de la Mère divine, il avait quitté son foyer pour se faire moine errant. En 1976, il devint le premier fils spirituel d'Amma et continua à mener une vie d'austérité, célébrant chaque jour le rituel d'adoration de la Mère divine dans le petit temple où Amma donnait le *Devi Bhava* trois soirs par semaine. À cette époque, nous habitions tous ensemble une petite hutte de palmes tressées que nous partagions dans nos moments de repos, lesquels étaient fort rares. Voyant que certains étaient autorisés à s'installer à titre permanent auprès d'Amma, d'autres voulurent en faire autant. C'est à cette époque que Balu, Venu, Srikumar, Pai, Ramakrishnan, Rao et quelques autres vinrent nous rejoindre.

Amma était très difficile quant au choix de ceux qui étaient autorisés à venir vivre à l'Ashram. Elle prenait en compte divers facteurs : la famille aurait-elle à souffrir du fait que leur fils ne gagnerait pas sa vie pour les aider financièrement ? Jusqu'à quel point le candidat était-il sérieux dans ses aspirations spirituelles ?

Quelle était la profondeur de la relation de chacun avec elle ? Elle avait une vision très claire de l'avenir et une intention bien arrêtée gouvernait chacun de ses actes. Sa naissance même avait pour but le bien spirituel de l'humanité. Pour ce faire, elle estimait devoir former à la vie spirituelle un groupe de jeunes gens, disciples qu'elle pourrait ensuite envoyer aux quatre coins de l'Inde et du monde répandre la véritable spiritualité.

Au siècle dernier, une grande âme du Bengale, Sri Ramakrishna Paramahamsa, s'était donné une mission similaire. Il consacra toute son énergie à l'évolution spirituelle de ses dévots, au prix de sa santé et de sa vie. Enfin, il forma un groupe de jeunes gens chargés de poursuivre son œuvre. Beaucoup le considèrent, à l'instar du Christ, comme une Incarnation de Dieu venue en ce monde intentionnellement, dans un but bien précis, et non point précipitée ici-bas par la force du *karma*. De même, nombreux sont ceux qui voient en Amma la Mère divine elle-même, incarnée en ce monde dans le but spécifique d'élever spirituellement les hommes. Dans la *Bhagavad Gita*, le Seigneur déclare qu'il renaîtra dans ce monde de matière aussi souvent que se fera sentir le besoin de sauver le *dharma* (la Loi de la justice divine) de l'érosion du Temps :

> « Chaque fois qu'il y a un recul du *dharma*, Ô Bharata, et une montée de l'*adharma*, je m'incarne. Afin de protéger les justes et de détruire les méchants, afin de réinstaurer fermement le *dharma*, Je m'incarne d'âge en âge. »
>
> (*Bhagavad Gita*, chapitre IV, versets 7-8)

La nature même du temps étant le changement, ce monde requiert pour ainsi dire un entretien spirituel constant. Le Divin est donc amené à s'incarner sans cesse.

Un jour, à l'époque où nous étions encore peu nombreux autour d'Amma, elle aborda le thème de la raison de sa naissance.

Elle nous dit qu'elle allait former un vaste groupe de jeunes aspirants spirituels, afin qu'ils apportent la connaissance spirituelle à l'humanité. Elle ajouta qu'un jour viendrait où il lui faudrait faire souvent le tour du monde pour apporter la paix à ceux qui vivent hors de l'Inde sacrée. Nous fûmes tous surpris et inquiets de ses paroles. Elle ne s'était jamais aventurée à plus de quelques kilomètres de son village. Si elle devait se mettre à sillonner le monde, qui s'occuperait d'elle ? Et qui s'occuperait de ceux qui vivaient avec elle ? Mais peut-être n'était-ce qu'une plaisanterie de sa part ?

C'est à cette époque qu'Amma révéla le caractère exceptionnel de Shakti Prasad, qu'elle appelait son « *manasa putra* », c'est-à-dire son fils né de l'esprit. Elle laissa entendre qu'étant une incarnation partielle de la Mère divine et né de la simple volonté d'Amma, il deviendrait une force majeure pour le bien de ce monde. Les Écritures indiennes racontent l'histoire d'un sage, Vishwamitra, qui créa un monde à part pour son dévot Trisankhu. Le *Yoga Vasishtha*, ouvrage traitant du Védanta, mentionne également la création d'un monde par un petit garçon qui était en fait un sage. J'ai un jour demandé à Amma si les sages des temps védiques étaient réellement capables de créer par la simple volonté de leur esprit, comme le disent les Écritures. Elle répondit : « Mais bien sûr. Amma n'a-t-elle pas créé Shakti Prasad ? » Cela peut sembler une allégation bien présomptueuse pour qui ne connaît pas l'histoire de Shakti Prasad mais pour moi, il ne fait aucun doute qu'on a rarement vu enfant né dans des circonstances aussi étranges.

Les parents de Shakti, Vidyadharan et Omana, étaient originaires d'un petit village situé à quelques huit kilomètres de l'Ashram. Au bout de neuf ans de mariage, leur union n'avait toujours pas été sanctifiée par la naissance d'un enfant. Ayant entendu parler des pouvoirs divins et miraculeux d'Amma, ils décidèrent de tenter leur chance et d'aller lui demander de leur accorder un enfant. Ils arrivèrent à l'Ashram en 1977. Avant qu'Omana ait pu dire quoi que ce soit, Amma lui fit signe d'approcher et lui dit : « Ma fille, je sais que tu désires un enfant. Je te délivrerai de ton chagrin et tu seras enceinte dans quatre mois. Ne t'en fais pas. » De fait, quatre mois plus tard Omana commença à manifester des signes de grossesse. Le quatrième mois écoulé, elle alla se faire examiner à l'hôpital. Les médecins confirmèrent la grossesse. Mais quelle ne fut pas sa surprise quand, au neuvième mois, ces mêmes médecins déclarèrent que la matrice était vide ! Le mystère, c'est que son ventre restait gonflé comme celui d'une femme sur le point d'accoucher. On fit divers tests, tous s'avérèrent négatifs. Finalement, on prit une radio. Au grand étonnement des docteurs, on ne voyait qu'une image dense au niveau de l'utérus. On envoya la femme dans divers hôpitaux pour consultation mais aucun des médecins ne put dire si oui ou non il y avait un enfant dans son ventre.

Omana, très abattue, alla trouver Amma. Celle-ci la consola : « Montre-toi courageuse : cet enfant est divin et aucun rayon X ne pourra le prendre en photo. » Les jours, les mois passèrent. Les voisins se moquaient d'Omana en disant qu'elle allait accoucher d'un éléphant. Pourtant, elle et son mari gardaient confiance en Amma. Ce fut leur épreuve du feu. Finalement, au seizième mois de grossesse, Amma dit à Omaha d'aller à l'hôpital pour accoucher. En dépit de son ventre énorme, les docteurs ne voyaient aucune trace d'enfant. Après maintes discussions, ils se prononcèrent finalement pour une césarienne. Au terme de l'intervention, ils furent ébahis de tomber sur un enfant de sexe masculin en parfaite santé. Amma lui donna le nom de Shakti Prasad, ce qui signifie « Bénédiction de l'Énergie Divine. »

Shakti commença à méditer à l'âge de trois ans. Il restait assis les yeux clos à répéter « Om Namah Shivaya », c'est-à-dire « Salutations au Seigneur Bienveillant. » Chaque fois qu'il venait

Amma avec Shakti Prasad

à l'Ashram, il allait directement à Amma et s'asseyait à ses côtés, couvrant ses pieds de fleurs. Un jour, des visiteurs se moquèrent de lui en disant : « Eh ! à quoi penses-tu quand tu fermes les yeux ? » Il répliqua : « Que pourriez-vous en savoir ? Je vois dans ma tête une merveilleuse lumière de couleur changeante ! » Amma dit que le moment venu, elle lèvera le léger voile d'ignorance qu'elle maintient dans l'esprit de Shakti, afin qu'il connaisse enfin son unité avec Dieu. Sa véritable stature se révélera alors et son travail en ce monde commencera.

Après avoir expliqué ceci, Amma sourit. Un des garçons qui étaient assis près d'elle dit : « Oh, Amma, voilà un sacré bon plan. » Amma le dévisagea avec une expression amusée. « Merci, je suis contente que tu l'approuves ! », dit-elle.

Un villageois du nom de Bhargavan venait régulièrement à l'Ashram. Il assistait à chaque *Bhava darshan* et était parfaitement convaincu qu'à ce moment précis l'âme de Krishna habitait le corps d'Amma. Cette manière de penser n'était pas rare car de telles croyances font partie intégrante de la vie religieuse des villages comme celui d'Amma. Ces petites gens ne conçoivent pas la Réalisation de Soi ou bien la Vision de Dieu. Ils ne voient en Dieu que Celui qui a le pouvoir d'exaucer leurs prières et leurs désirs. Bien que Le tenant pour omniprésent, ils pensent qu'il est plus facile de L'aborder dans un temple et de se Le concilier par des offrandes rituelles. Si on Lui offre ce qui Lui plaît, Il est enclin à exaucer les vœux de Ses fidèles. Telle est la naïveté des croyances villageoises. L'idée que Dieu puisse être dans le cœur de chacun en tant que Réalité Intérieure transcendant l'ego individuel ne les effleure jamais. C'est pourquoi ils ne peuvent interpréter que comme une possession temporaire le comportement hautement insolite d'Amma pendant les *Bhava Darshans*. Aussi, quand Bhargavan assistait au *darshan*, il était vraiment persuadé de voir Krishna en personne et ne soupçonnait pas le moins du monde la grandeur spirituelle d'Amma. Il pensait seulement que cette petite villageoise avait beaucoup de chance.

Un jour, il confia à Amma qu'il allait se rendre au célèbre temple de Krishna à Guruvayur, à quelques deux cent cinquante kilomètres au nord de l'Ashram. Amma lui dit : « Penses-tu pouvoir voir Krishna là-bas ? »

« Évidemment, sans quoi, pourquoi irais-je si loin ? »

Il partit et atteignit Guruvayur dans la soirée. Malheureusement, il avait oublié ses lunettes et ne put voir l'effigie du Seigneur. Il ne distinguait qu'une forme floue. Il rentra fort déçu et se présenta au *darshan* pendant le *Krishna Bhava*. Avec un sourire malicieux, Amma lui dit : « Aurais-tu oublié tes lunettes, par hasard ? Alors que je suis *ici*, pourquoi es-tu allé là-bas pour Me voir ? »

Inutile de dire qu'à dater de ce jour, Bhargavan perdit tout intérêt pour les visites de temples.

Si quelqu'un désirait voir à quoi ressemblait Krishna, il n'avait qu'à regarder Amma en *Krishna Bhava*. Le nom de Krishna signifie : « Celui qui attire. » On dit que c'était le plus charmant des êtres. C'est l'impression que donnait Amma pendant le *Krishna Bhava*. Elle était un mélange d'omniscience et de facétie. Elle offrait par exemple un morceau de banane à quelqu'un et lorsqu'il s'apprêtait à y mordre, elle retirait le morceau ! Cela soulevait des vagues de rires dans l'assistance mais la personne n'en était pas gênée ; n'était-ce pas en effet Dieu Lui-même qui s'adonnait à cette plaisanterie ? Parfois, elle versait de l'eau bénite dans la bouche de quelqu'un et continuait à verser sans s'arrêter jusqu'à ce que l'eau s'écoule, mouillant le devant de son corps, avant de tomber par terre. Si un dévot lui offrait du beurre, elle le lui présentait afin qu'il en prenne un peu mais dès qu'il essayait de mordre dans la motte, elle lui en tartinait le nez ! Ses actions correspondaient aux récits des tours de Krishna pendant son enfance à Vrindavan.

Un jour, environ deux mois après notre installation à l'Ashram, je me trouvais dans la hutte avec Balu, un des *brahmacharis* et j'écoutais au casque un enregistrement des chants d'Amma, quand elle entra et se mit à chanter précisément la même chanson, en accord parfait avec la cassette. Elle ne pouvait entendre aucun son en provenance des écouteurs, car j'avais réglé le volume très bas. Je la contemplai stupéfait et lui demandai comment elle pouvait savoir ce que j'écoutais. Elle se contenta de sourire d'un air entendu et se dirigea vers l'autre bout de la hutte. Elle était apparemment en train de jouer avec une serviette, essayant de la nouer autour de sa tête. Elle se retourna enfin, la tête enturbannée et nous lança un regard. Quelle ne fut pas notre stupeur de la voir en *Krishna Bhava* ! Au bout d'un moment, elle nous tourna le dos, puis nous fit face à nouveau. Elle était redevenue elle-même. À la suite de cet incident, nous fûmes convaincus que les *Bhavas* divins d'Amma étaient entièrement entre ses mains. Elle pouvait choisir de les manifester ou non, quand et comme bon lui semblait. Jusque-là, Amma avait innocemment prétendu que ses *Bhavas* étaient entre les mains de Dieu. Nous avions finalement percé son secret : elle et Dieu ne faisaient qu'un. Plongée dans un état inhabituel, Amma nous dit : « Si vous voulez voir le Krishna qui vivait il y a cinq mille ans à Vrindavan, vous pouvez Le voir ici (se désignant du doigt). La Mère divine et le Seigneur Krishna résident tous deux dans cette pauvre folle ! »

Chapitre 4

Premiers disciples

Quelques mois après ma rencontre avec Amma fin 1979, Balu (à présent Swami Amritaswarupananda Puri) vint à l'Ashram. Il était étudiant à l'époque et se montrait particulièrement doué en musique et en théâtre. Ayant entendu dire qu'il y avait à Vallickavu quelqu'un qui possédait des pouvoirs divins, il voulut voir par lui-même. Dévot de nature depuis sa plus tendre enfance, il fut profondément touché par la ferveur qu'Amma mettait dans ses chants à Dieu. Amma comprit aussitôt qu'il était des siens. Quand il passa au *darshan*, il ne put retenir ses larmes tant il était bouleversé par l'amour d'Amma, si maternel, si pur. Il rentra chez lui après le *darshan* mais ne fut plus jamais le même. Son esprit était plein de la pensée d'Amma et il était possédé du désir de la voir. Le même schéma se répéta pour tous les proches dévots d'Amma.

Une nuit, Balu se réveilla les narines emplies d'un parfum divin. L'instant d'après, il sentit que quelqu'un lui caressait doucement le front et fut stupéfait de voir que c'était Amma. Elle lui sourit et dit : « Mon fils, Amma est toujours avec toi. Ne t'inquiète pas. » Avant qu'il ait pu dire mot, elle avait disparu.

Évidemment, il ne pouvait en croire ses yeux. Le lendemain matin, il se précipita à Vallickavu afin de confirmer l'authenticité de sa vision. Quelle ne fut pas sa déception d'apprendre qu'Amma était absente. Il jeûna toute la journée en l'attendant. Quand elle revint enfin, dans la soirée, elle alla droit à la cuisine et revint avec une assiette de riz qu'elle lui fit manger de ses propres mains. Puis elle dit : « Mon fils, Amma est venue à toi la nuit dernière ! » En entendant ceci, Balu éclata en sanglots, bouleversé à l'idée de l'affection qu'elle lui portait.

Balu vint s'installer auprès d'Amma à peu près à la même époque que Gayatri et moi-même. Amma le soumit à de lourdes épreuves pour voir s'il souhaitait réellement renoncer à tout pour se consacrer à la vie spirituelle. Elle l'envoya travailler à quelques soixante-dix kilomètres de l'Ashram en lui demandant d'habiter chez un dévot. À peine quelques semaines plus tard, il revint à l'Ashram en refusant de retourner travailler. Il ne supportait pas d'être séparé d'Amma. Amma décida alors de le faire étudier en vue d'un diplôme de philosophie. Après bien des recherches, il trouva un professeur, mais cet homme ne voulait pas venir à l'Ashram. À force de cajoleries, le professeur accepta d'y faire une visite mais il ne voulut pas voir Amma. Le laissant dans un endroit un peu à l'écart, Balu alla chanter devant Amma pour le *Devi Bhava*. Quelle ne fut pas sa surprise de voir le professeur se précipiter dans le temple et se prosterner de tout son long aux pieds d'Amma ! Dès lors, le professeur revint régulièrement pour enseigner la philosophie à Balu et recevoir le *darshan* d'Amma. Le moment venu, Balu réussit ses examens.

Venu (à présent Swami Pranavamritananda Puri) est le frère cadet de Balu. Lorsque Balu lui parla d'Amma, il ne manifesta aucune intention d'aller la voir. « Je n'irai pas voir cette fille de pêcheurs », déclara-t-il d'un ton méprisant. Lorsqu'on lui rapporta les paroles de Venu, Amma dit : « Il est aussi mon fils et il viendra ici. » Ces paroles inquiétèrent Balu, car le fait qu'il eût renoncé à la vie de ce monde pour aller vivre à l'Ashram avait déjà provoqué bien des remous dans sa famille. Que se passerait-il si un autre fils venait à faire de même ?

Amma se rendit un jour en visite chez la tante de Balu, laquelle hébergeait Venu pendant ses études universitaires. Constatant sa présence, Venu passa devant Amma en l'ignorant avec superbe. Loin de se laisser démonter par sa grossièreté, Amma alla vers lui et, prenant ses mains dans les siennes, lui dit avec amour : « N'estu pas le frère de mon fils Balu ? Amma était impatiente de te rencontrer. » Les défenses de Venu tombèrent aussitôt devant cet amour maternel plein d'innocence. Échangeant des regards de connivence, nous murmurâmes : « L'affaire est entendue. Il est cuit ! » et nous mîmes à rire. Et de fait, Venu était fin cuit ! Il se débrouilla tant bien que mal pour terminer ses études et passer ses examens, mais il avait perdu tout intérêt pour la vie de ce monde. Dans un esprit de renoncement, il rasa bientôt ses longs cheveux et se présenta à l'Ashram pour y demeurer.

Srikumar (Swami Purnamritananda Puri) vivait dans un village à une quinzaine de kilomètres de chez Balu. Il entendit parler d'Amma et vint la voir en 1979. C'était une période cruciale de son existence, car son esprit était assailli de doutes quant à l'existence de Dieu. « Si Dieu existe, comment se fait-il que si peu de gens soient heureux en ce monde, que la plupart d'entre eux souffrent ? » Cette pensée le tourmentait et il espérait trouver la réponse auprès d'Amma. En la voyant, en croisant son regard plein d'amour, en sentant la présence divine et l'atmosphère sacrée qui l'entouraient, son esprit s'emplit de paix. Mais le comportement hautement inhabituel d'Amma le laissait perplexe. Parfois, elle se comportait comme un petit enfant innocent et jouait avec ses dévots. Tantôt elle chantait et dansait, tantôt elle sanglotait en extase. Ou bien elle pouvait être profondément absorbée en méditation et l'instant d'après, se rouler par terre en riant. Amma nourrit Srikumar de ses propres mains et lui enseigna les principes spirituels peu après son arrivée. Sa sainteté, son amour de mère et son comportement étrange, extatique, le lièrent à elle. Il ne fut pas long à décider de venir s'installer auprès d'Amma mais cela ne put se faire tout de suite, car ses parents ne voulaient pas le laisser partir. Fils unique, il était censé prendre soin d'eux à leur retraite. C'est pourquoi, ses études terminées, on l'envoya travailler dans une ville lointaine.

Srikumar connut le même sort que Balu : il ne put supporter d'être séparé d'Amma et se montra incapable de conserver un emploi. Il traîna une existence malheureuse à Bangalore, accomplissant distraitement son travail tout en pensant à Amma. Au bout d'un mois, il rentra chez lui avec une forte fièvre et dut être immédiatement hospitalisé. Couché dans son lit d'hôpital, il fit l'expérience suivante :

« Mon père était sorti me chercher un café. J'étais seul dans la chambre quand soudain, mes mains et mes jambes furent comme paralysées. Une fraîche et douce brise passa sur moi et, à ma grande surprise, je vis entrer Amma. Elle s'approcha de moi avec un bon sourire. Comme un petit enfant, je fondis en larmes. Elle s'assit près de moi et appuya ma tête contre elle sans dire un mot. L'émotion me submergeait, les mots s'étranglaient dans ma gorge. Une lumière émanant du corps d'Amma envahit la pièce. Elle-même était baignée d'un éclat divin. À cet instant précis, la porte s'ouvrit et mon père entra. Amma disparut aussitôt. »

En temps voulu, Srikumar vint résider à l'Ashram.

Ramesh Rao (Swami Amritatmananda Puri) était le fils préféré d'un riche marchand de tissus. Il travaillait dans la boutique de son père. Mais la vie trop tranquille de son village ne lui plaisait guère. Il souhaitait partir à l'étranger, dans le Golfe Persique. Il était en train d'essayer de décrocher un emploi là-bas lorsqu'il entendit parler des pouvoirs divins d'Amma. En juin 1979, il vint pour la première fois à Vallickavu, désireux de connaître son avenir. Il était bien loin de se douter des bouleversements qui l'attendaient ! Avant qu'il ait pu dire quoi que ce soit, Amma lui dit : « Mon fils, tu essaies d'aller de l'autre côté de l'océan. Amma rendra cela possible si tel est ton désir. Ne t'inquiète pas. » Ces paroles éclairées amorcèrent pour Rao la fin de la vie dans le monde et le début de la vie spirituelle. Il rentra chez lui et tenta de vaquer à ses occupations au magasin de tissu mais il ne parvenait pas à fixer son attention sur son travail. Il ne pensait qu'à revoir Amma. Ce besoin devint si intense que très souvent, il fermait la boutique de bonne heure et se précipitait à Vallickavu. Il commença à rêver fréquemment de la Déesse de l'Univers, qui lui apparaissait en rêve sous les traits d'Amma. Jour après jour, son agitation croissait, en même temps que son désir de réaliser Dieu. Et comment s'en étonner ? En présence d'Amma, l'esprit se tourne tout naturellement vers Dieu.

Un jour qu'il était assis auprès d'Amma, Rao perdit conscience du monde et pendant plus de cinq heures, il se perçut comme un petit enfant de deux ans flottant sur l'Océan de Félicité de la Mère Divine. À la fin, Amma l'appela et le ramena en ce monde du nom et de la forme. À la suite de cette expérience, Rao perdit le peu de goût qui lui restait pour les plaisirs du monde. Il cessa d'aller à sa boutique et passait des semaines entières auprès d'Amma et des autres résidents de l'Ashram. Ce comportement déchaîna bien sûr une tempête au sein de sa famille. Bien que tout le monde ou presque en Inde sache que la Réalisation de Dieu est le véritable enjeu de l'existence, rares sont les parents qui souhaitent que leurs enfants se consacrent à ce but sublime en devenant renonçants. Ils pensent qu'ils devraient d'abord goûter les joies de la vie de famille, accumuler biens et richesses et ensuite seulement, au seuil de la vieillesse, s'adonner à la *sadhana*. Ils oublient cependant que le temps d'atteindre la vieillesse (et encore, à condition de ne pas mourir avant !), l'esprit s'est tellement figé dans ses habitudes qu'il lui est pratiquement impossible de se concentrer sur Dieu. Comment pourrait-on se concentrer sur Dieu après s'être appesanti sur des objectifs matériels pendant soixante-dix ou quatre-vingts ans ? Un vieux singe peut-il apprendre de nouveaux tours ?

Il y a bien longtemps en Inde, les enfants étaient retirés très jeunes de leur foyer et placés dans un *gurukulam* (maison ou ashram d'un maître traditionnel). Là, ils étudiaient et chantaient les textes sacrés, servaient avec désintéressement leurs aînés et leur maître, pratiquaient la maîtrise des sens et menaient une vie simple et noble. C'est seulement après douze ans de cette vie de discipline qu'ils se mariaient, s'ils le souhaitaient, et jouissaient des richesses matérielles et des plaisirs de ce monde. Mais même ainsi, on attendait d'eux qu'ils poursuivent l'étude des Écritures et la pratique religieuse et qu'ils gardent un minimum de contrôle d'eux-mêmes. Après avoir engendré de vertueux enfants, ils étaient censés abandonner la vie de famille vers cinquante ans pour aller vivre dans un ashram ou une forêt, vouant le reste de leur vie à une pratique spirituelle intense dans le but de réaliser Dieu. Ayant acquis une base solide dans leur jeunesse, l'ayant perpétuée dans l'âge mûr, ils pouvaient sans trop de difficultés effectuer la transition vers une vie de renoncement total et de contrôle absolu de soi. Tel était l'idéal des temps anciens. De nos jours, plus personne ne suit cet entraînement de toute une vie. Penser qu'après avoir vécu soixante-dix ans dans un esprit matérialiste, en priant un peu et en allant au temple de temps à autre, on pourra se concentrer ensuite sur Dieu et finalement se fondre en Lui, c'est prendre ses désirs pour des réalités ! Si cela suffisait pour trouver Dieu, pourquoi tant de gens se seraient-ils donné tant de mal, luttant toute leur vie pour contrôler leur esprit vagabond et le fixer sur le Divin ?

Mais le monde actuel étant ce qu'il est, il n'y a rien d'étonnant à ce que les parents de Rao, le voyant s'orienter fermement dans cette direction, aient été peu enclins à le laisser se faire moine.

Amma enjoignit à Rao de rentrer chez lui afin d'obtenir de ses parents l'autorisation de vivre à l'Ashram. Autant demander à deux gros matous affamés de laisser filer une souris dodue ! « Amma, ils me créeront des problèmes si je rentre maintenant », protesta Rao. Mais Amma répondit calmement qu'un homme courageux vient à bout de toutes les difficultés. Elle n'était pas disposée à admettre si facilement Rao dans la vie monastique. Il s'était montré très attaché à la vie matérielle avant de venir à elle, et avant de le laisser renoncer au monde pour toujours, elle voulait s'assurer qu'il avait vraiment l'étoffe d'un moine. Ô combien elle est sage et en apparence cruelle !

Rao rentra chez lui, et ses parents le gardèrent prisonnier. Ne constatant aucun changement dans son attitude, ils décidèrent que son désintérêt subit pour le monde était peut-être dû à une forme de maladie mentale. Après dix jours de traitement en hôpital psychiatrique, ils l'emmenèrent chez des parents, très loin de son propre village. Là, ils essayèrent de le tenter par toutes sortes de subterfuges, utilisant comme appât une jeune femme de la famille, mais il résista à toutes les tentations. Rao écrivit à Amma : « Si Amma ne me sauve pas, je me suiciderai ! » Au bout d'un mois, comme sa « folie » semblait avoir disparu, on l'autorisa à regagner son village. Comme il est triste, même si c'est peu surprenant, de voir que les gens considèrent comme anormal d'aimer Dieu et de vouloir en faire l'expérience directe. Les joyaux de l'humanité sont des gens qui ont manifesté dans leur vie quotidienne une certaine dévotion à Dieu. Abraham Lincoln, Albert Einstein, *Mahatma* Gandhi, tous sont considérés comme de grands hommes. Cependant ces hommes attribuaient leur modeste portion de grandeur à Dieu. Tous étaient d'humbles dévots du Seigneur. Pourquoi dès lors les gens du monde tiennent-ils pour une aberration mentale d'aimer Dieu de tout son cœur ? L'Ancien Testament ne prescrit-il pas d'aimer Dieu de tout son cœur, de tout son esprit et de toute son âme ? Lequel est fou, celui qui aime Dieu ou celui qui n'y pense même pas ? Telle est la puissance de *Maya*, l'Illusion universelle, qui nous fait voir toutes choses à l'envers.

De retour dans son village, Rao revint à l'Ashram. Amma insista pour qu'il rentre chez lui et qu'il y reste jusqu'à ce que ses parents lui aient donné de leur plein gré l'autorisation de demeurer auprès d'elle. Mais c'en était trop pour Rao, qui refusa de partir. Au bout de quelques jours, son père, sa famille et une fourgonnette de police firent irruption à l'Ashram. Tandis qu'ils essayaient de l'emmener, Rao déclara : « Je suis assez grand pour savoir où et comment je veux vivre ma vie. » Sans se soucier de ces paroles, les policiers le firent monter de force dans une voiture afin de l'emmener, une fois de plus, à l'hôpital psychiatrique.

Amma avait-elle donc abandonné son pauvre enfant ? Pas du tout. Sur le chemin de l'hôpital, tout le monde s'arrêta pour déjeuner dans un restaurant. Rao refusa de se joindre à eux et resta dans la voiture. À ce moment précis, il entendit une voix intérieure lui dire : « Si tu t'échappes maintenant, tu seras sauvé. Sinon, tu seras détruit ! » L'instant d'après, il avisa un taxi qui s'était arrêté devant la voiture. Sans perdre une seconde, il s'y engouffra et demanda au chauffeur de le conduire chez un dévot qui habitait la ville. De là, il prit un train de nuit pour Bombay. Quand on retrouva sa trace, il s'enfuit plus au nord, vers les Himalayas. Errant comme un mendiant, sans même un vêtement chaud, il vécut plusieurs mois dans la région himalayenne. Enfin, Amma lui écrivit que tout danger était écarté et qu'il pouvait revenir à l'Ashram. Grâce à de l'argent envoyé par les ashramites, Rao put prendre le train et venir s'installer à l'Ashram en 1982. Amma avait durement éprouvé son ardeur. À présent, elle pouvait être sûre qu'il tiendrait jusqu'au bout ses engagements. La volonté de vaincre tous les obstacles pour réaliser Dieu, Vérité intérieure, devrait toujours être aussi ferme.

Ramakrishnan (Swami Ramakrishnananda Puri) commença à venir voir Amma en 1978. Il était employé de banque non loin du village où elle vivait. Dès le départ, la nature aimante d'Amma fit fondre son cœur et le lia à elle. Sa divinité de prédilection était la Mère divine Minakshi, personnifiée par la déesse du célèbre temple de Minakshi de Madurai, dans le Tamil Nadu. Dans son intense désir de La voir, il invoqua la grâce d'Amma, qui lui accorda de nombreuses visions de la Déesse. La grâce d'une Âme Réalisée nous octroie aisément ce que des années d'efforts ardus ne peuvent accomplir.

Amma mit bien souvent à l'épreuve la foi de Ramakrishnan, tant avant qu'après son installation définitive à l'Ashram en 1984. Bien que le guru soit toujours conscient de son omniprésence et de son omnipotence, le disciple, lui, ne l'est pas. C'est le devoir du guru d'insuffler cette foi au disciple afin qu'il poursuive sa *sadhana* avec zèle et conviction. Dans la banque où il travaillait, Ramakrishnan avait pour tâche d'ouvrir chaque matin la chambre forte. Cela exigeait donc qu'il soit présent ponctuellement à dix heures. Il travaillait à une centaine de kilomètres du village d'Amma. Après une nuit de *darshan* à l'Ashram, Ramakrishnan prit un jour le bus le lundi matin pour aller travailler. Mais voilà que le bus s'arrêta une douzaine de kilomètres avant sa destination ! Ramakrishnan descendit, s'informa du prochain bus, et fut pris d'inquiétude en apprenant qu'il ne pourrait arriver à la banque en temps voulu. Il essaya alors de trouver un taxi mais sans succès. Passablement énervé, ce que l'on peut comprendre, il en appela à Amma, « Ô Amma ! », espérant qu'elle trouverait une solution. Après tout, c'était par dévotion pour elle qu'il s'était rendu à l'Ashram le dimanche, afin de la servir pendant le *Devi Bhava*. N'était-ce pas son devoir de prendre soin de lui ? Quelques instants plus tard arrivait un inconnu en scooter qui offrit de le conduire à destination. Arrivé en ville, il franchit le seuil de la banque à dix heures tapantes ! Lorsqu'il rapporta ce miracle à Amma, elle fit le commentaire suivant : « Un seul appel suffit. S'il est lancé avec concentration, Dieu viendra. »

Amma dit un jour à Ramakrishnan d'un ton sévère : « Il y a des hommes qui continuent à regarder les filles, même après avoir opté pour une vie de renoncement. »

« Ah bon ! Qui ça, Amma ? », demanda Ramakrishnan.

« Toi ! », rétorqua-t-elle.

« Qui, moi ? Amma m'accuse alors que je suis innocent. »

« N'y a-t-il pas au bureau voisin du tien une jeune fille qui porte un anneau de nez, et n'est-il pas exact que tu la regardes tous les jours ? Mais ne t'en fais pas, mon fils, je sais que tu la regardes parce qu'elle te fait penser à moi », répliqua Amma en riant.

Après le départ de Ramakrishnan pour son bureau, Amma me raconta l'incident et ajouta avec un petit rire : « Aujourd'hui, Ramakrishnan a eu un petit aperçu des *siddhis* (pouvoirs mystiques) d'Amma ! »

Tels étaient certains des disciples d'Amma dont le destin était de devenir *sannyasins* (renonçants). Je dis « destin » parce que de tels êtres ne remettent pas leur décision à plus tard et ne calculent pas avant d'abandonner la vie matérielle pour une vie de renoncement. Simplement, ils ne conçoivent plus d'autre alternative. Ils ne supportent aucun autre style de vie et ne peuvent en accepter l'idée. Il ne faut pas en conclure pour autant que les gens mariés ou ceux qui ne sont pas moines ne peuvent prétendre à une vraie spiritualité. J'ai un jour entendu Amma dire ceci à un groupe de dévots mariés :

« Un chef de famille peut sans aucun doute atteindre la Réalisation mais il ou elle doit être un authentique *grihasthashrami*. Bien que vivant dans sa famille, il doit mener l'existence d'un ashramite, et ne vivre que pour Dieu. Voilà ce qu'est la véritable vie maritale ou *grihasthashrama*. Il est possible d'avoir une vie spirituelle tout en vivant dans le monde. L'unique condition est d'agir de façon désintéressée, sans aucun attachement, en déposant tout aux pieds du Seigneur. Toutes nos actions devraient être accomplies avec une dévotion absolue. Le chef de famille devrait toujours exercer sa faculté de discernement et penser: « Tout appartient à Dieu. Rien n'est mien. Dieu seul est mon véritable Père, ma Mère, mon Parent, mon Ami. »

Un chef de famille qui souhaite mener une vie spirituelle après avoir assumé ses responsabilités dans le monde devrait s'exercer au renoncement dès le début, car cela n'est pas facile. Le renoncement exige une pratique constante et de longue haleine. Il ne sera peut-être pas capable de tout abandonner extérieurement, mais il devrait s'efforcer d'être détaché intérieurement. Afin de conserver cet esprit de détachement intérieur, *lakshya bodha* (un esprit tourné vers le but spirituel) est important.

Un bon chef de famille devrait être intérieurement un *sannyasin*. Amma ne conseille à personne de fuir ses devoirs. Il faut les accomplir de son mieux. Il n'est pas bon de fuir la vie, c'est pure lâcheté. Un couard n'est pas fait pour la recherche spirituelle. C'est pourquoi Krishna n'a pas permis à Arjuna de quitter le champ de bataille. La vie est un combat. Il ne s'agit pas de l'éviter. En outre, c'est impossible. Vous pouvez bien courir vous réfugier dans une forêt lointaine ou dans un ashram pour échapper à la vie, mais elle vous y rattrapera. Tout comme il est impossible d'échapper à la mort, il est impossible d'échapper à la vie. On ne peut qu'essayer de les transcender. C'est pourquoi une personne intelligente ne fuit pas la vie, mais la mène raisonnablement, en apportant à ses affaires tout le soin nécessaire.

Vivre avec sagesse implique une solide base spirituelle. Il faut s'efforcer de cultiver le détachement afin de se préparer au renoncement total. Mais comme la plupart des gens ne sont pas des *sannyasins*, ils doivent tenir leur rôle convenablement dans le monde.

La compassion envers l'humanité souffrante est notre devoir envers Dieu. Notre quête spirituelle devrait commencer par le service désintéressé du monde. Les gens courent à la déception s'ils méditent en espérant qu'un troisième œil va s'ouvrir alors qu'ils ont fermé les deux autres. Cela ne se produira pas. On ne peut pas fermer les yeux au monde au nom de la spiritualité et espérer évoluer. Percevoir l'unité tout en regardant le monde les yeux grand ouverts, voilà la Réalisation spirituelle.

Que l'on soit chef de famille ou *sannyasin*, le renoncement est la voie. Intérieurement, le chef de famille doit être un *sannyasin*. Extérieurement, il doit être actif, accomplissant ses devoirs correctement et avec précision. Menant de front vie spirituelle et vie de famille, préparez-vous au renoncement final.

Un *sannyasin* voue sa vie entière, intérieure et extérieure, au bien du monde. Un *grihasthasrami* mène encore extérieurement une vie de famille mais vit intérieurement comme un *sannyasin*.

Le renoncement n'est peut-être pas très facile pour un chef de famille, mais il doit essayer de calmer son mental. L'esprit d'un chef de famille tend à être très agité par les soucis qui l'assaillent de toutes parts. Amma sait qu'il est très difficile de faire taire ces problèmes qui font dans nos têtes un bruit assourdissant. Mais il n'est pas impossible d'atteindre le silence intérieur. La plupart de nos anciens maîtres menaient une vie de famille. Ils y sont parvenu. C'étaient des êtres humains comme nous. S'ils ont réussi, pourquoi pas nous ?

Le potentiel du véritable renonçant existe en chacun de nous. Il se trouve peut-être à l'état de graine, mais il est là. La graine ne germera pas seule : il faut la semer, l'entourer d'un grillage pour la protéger des bêtes, la préserver d'un excès de soleil ou de pluie, l'arroser suffisamment, en un mot en prendre grand soin.

La graine devient alors un arbre immense, dispensant l'ombre et donnant à profusion fleurs et fruits. Voilà le genre d'effort qu'il faut pour atteindre le but. Les saints et les sages pratiquaient *tapas*, des austérités, et atteignaient ainsi la réalisation de Dieu. Nous devrions, nous aussi, nous efforcer avec persévérance d'y parvenir. Sri Krishna avait une famille et ses responsabilités étaient multiples. Il incarnait le détachement. Sri Rama avait également une famille et de plus, il était roi. Il incarnait le *dharma*. Janaka était roi et chef de famille. Lui aussi était un *Jivanmukta*, une Âme Libérée. Tous trois trouvaient le temps de pratiquer des austérités et de mener une vie spirituelle, en dépit de leurs devoirs royaux et des autres obligations qui leur incombaient.

Si nous déclarons que nos problèmes et nos responsabilités familiales ne nous laissent pas de temps à consacrer à la spiritualité, il s'agit d'une mauvaise excuse. Cela signifie simplement que nous n'avons pas le désir réel de suivre la voie spirituelle.

Un *grihasthashrami* doit être capable de renoncer à tout quand il le souhaite. Un oiseau posé sur une brindille morte sait qu'elle peut se rompre à tout moment, il est donc toujours vigilant, prêt à prendre son envol. Comme l'oiseau, un chef de famille devrait toujours être conscient que les relations de ce monde sont éphémères et qu'elles peuvent prendre fin à tout moment. Pareil à l'oiseau, il devrait être prêt à abandonner tous les liens pour s'élancer vers la spiritualité, convaincu que toutes les actions dans lesquelles il est engagé ne sont que des tâches temporaires que Dieu lui a confiées. Un serviteur fidèle agit sans éprouver le sentiment de la propriété. Ainsi, quand il plaira à Dieu, le Maître, de lui demander d'arrêter, le chef de famille devrait être capable de le faire, sachant que rien ne lui appartient. Prêt à abandonner tous les plaisirs et les conforts de ce monde, il accomplit certes son devoir dans le monde, mais comme une forme de *sadhana*, comme une forme d'adoration.

Restez chez vous mais ne perdez pas le contact avec votre Être réel, le véritable centre de l'existence. Suivez les directives d'un Maître. Reconnaissez pour ce qu'elle est la prison dans laquelle vous vivez et comprenez que ce n'est pas votre vraie demeure. Comprenez aussi que vos attachements ne sont pas de jolis bracelets mais de lourdes chaînes qui vous asservissent. Un Maître authentique vous aidera à en prendre conscience. Une fois cette prise de conscience accomplie, peu importe que vous viviez chez vous ou dans un ashram. Quoi que vous fassiez, où que vous soyez, vous ne pourrez vous éloigner de votre véritable centre. »

Chapitre 5

Mère, le guru

À l'époque où nous sommes venus nous installer aux pieds d'Amma, son comportement était tantôt celui d'une enfant, tantôt celui d'une mère. Parfois, elle se conduisait comme une fillette, courant partout, dansant, s'amusant avec les autres enfants. Elle pouvait se reposer sous les arbres, manger à même le sol, ou rester étendue par terre sous la pluie. Comme une mère poule, elle se montrait très affectueuse envers tous et n'exigeait de nous aucune discipline. Elle nous donnait à manger de ses propres mains, s'assurait que nous avions où dormir, nous réconfortait lorsque nous étions malades ou avions des problèmes, et gardait un œil sur nous en permanence. Mais au bout d'un certain temps, elle déclara qu'elle changerait bientôt de rôle et qu'elle commencerait à nous traiter comme un guru traite ses disciples. Cela me convenait parfaitement. Depuis longtemps, j'espérais qu'une atmosphère d'ashram se créerait autour d'Amma. Et de fait, l'aspect enfantin d'Amma disparut presque complètement. Sa nature maternelle passa aussi au second plan et elle devint Celle qui enseigne. Quel que soit le rôle qu'elle décidait de jouer, Amma s'y identifiait parfaitement. Pendant les *Krishna* et les *Devi Bhavas*, elle devenait l'incarnation de ces aspects de Dieu. Quand elle était dans l'humeur d'un enfant, elle était exactement comme une enfant. Elle pouvait se montrer plus maternelle que votre propre mère. À présent, Amma était devenue le guru des gurus. Qu'y a-t-il de miraculeux à cela ? C'est par la grâce de la Mère universelle que les grands gurus deviennent ce qu'ils sont. Quand la Déesse décide d'assumer ce rôle, c'est pour elle un jeu d'enfant.

Fin novembre 1982, Amma se rendit avec un petit groupe à Tiruvannamalai, pour un pèlerinage de dix jours. C'était la première fois qu'Amma s'absentait aussi longtemps du village, et c'était aussi la première fois depuis leur instauration en 1975 que les *Krishna* et les *Devi Bhavas* étaient suspendus. Nous prîmes le train un lundi matin après la fin du *Devi Bhava* du dimanche, et arrivâmes à destination le lendemain. Nous étions une quarantaine, et nous nous installâmes dans les deux petites maisons que j'avais construites du temps où je vivais là-bas. Amma donnait le *darshan* dans la maison pendant la journée. De nombreux dévots qui vivaient à l'ashram et alentour vinrent la voir. Le soir, elle chantait des hymnes dévotionnels à Ramanashram, devant la tombe de Ramana Maharshi, que l'on appelle son *samadhi*. Le lendemain matin, un *sannyasi* du nom de Kunju Swami vint lui rendre visite. Natif du Kérala, il était disciple du célèbre saint du début du siècle, Narayana Guru. Narayana Guru l'avait amené à Tiruvannamalai alors qu'il n'était qu'un jeune homme et l'avait confié à Ramana Maharshi pour son évolution spirituelle. Il était à présent octogénaire, mais Amma le traitait comme un gamin de cinq ans, et il en était enchanté, comme un enfant avec sa propre mère. Pendant qu'il méditait, Amma posait une main sur son crâne rasé et chantait une ronde enfantine en tournoyant autour de lui. Un de mes amis de Tiruvannamalai me rapporta que lors de mon départ pour Vallickavu au début de 1980, Kunju Swami avait dit : « Nealu n'aurait jamais quitté Ramanashram, il serait resté ici jusqu'à sa mort, si la Mère du Kérala avait été autre que Parashakti (l'Energie Suprême) elle-même. » Et à son expression on voyait bien qu'il considérait réellement Amma comme la Déesse incarnée.

Un jour, Amma sortit de la maison comme une flèche, toute seule. C'était à l'évidence un besoin d'évasion et manifestement, elle ne voulait pas être suivie. Étant le seul à l'avoir vue partir, j'attrapai au vol quelques bananes, des biscuits et de l'eau, je mis le tout dans un sac, et m'élançai à sa poursuite. J'avais vu qu'elle avait perdu toute conscience de son corps, et savais qu'elle pouvait fort bien se perdre. Je la suivis à distance tandis qu'elle faisait le tour de la montagne d'Arunachala, visiblement en état d'ivresse divine. M'ayant vu quitter la maison au pas de course, les autres m'avaient emboîté le pas. Ils me dépassèrent bientôt et rejoignirent Amma, qui avait à ce moment-là adopté un pas très rapide. Elle me distança peu à peu et disparut au loin.

Srikumar me fit par la suite le récit des événements. Il me dit : « Quelqu'un a accouru vers nous en disant « Amma a disparu. On ne la trouve nulle part ! » À ces mots, nous avons immédiatement loué une carriole à cheval et nous nous sommes mis en route vers Arunachala en cherchant Amma partout. La veille, en escaladant la colline avec elle, nous avions vu de nombreuses grottes des deux côtés du chemin. Amma entrait dans certaines de ces grottes pour y méditer et, souvent, il fallait bien des supplications pour la persuader d'en ressortir. Sur le chemin du retour, elle avait dit : « Je n'ai pas envie de redescendre, mais en pensant à vous, mes enfants, je m'y contrains. » Nous avons donc pensé qu'Amma se trouvait peut-être dans une de ces grottes. Mais comment la retrouver parmi les innombrables grottes de cette vaste colline ? Tout le monde était très inquiet.

La carriole atteignit enfin la colline. Au bout de quelques kilomètres, nous aperçûmes soudain la silhouette d'Amma, loin devant nous. Nous approchâmes et mîmes pied à terre. Amma offrait une vision magnifique. Elle marchait en titubant, comme

Amma avec des dévots à Arounachala (Skandashram)

ivre. Tout son corps vibrait et ses mains formaient un *mudra* sacré (pose mystique des mains). Elle avait les yeux mi-clos, un sourire de béatitude illuminait son visage. On aurait dit la déesse Parvati tournant autour de Shiva ! Nous suivîmes Amma, en enjoignant à la carriole de suivre également. Nous nous mîmes à réciter des mantras védiques et à chanter des *bhajans* à pleins poumons. Les collines résonnaient de nos chants. L'atmosphère de *samadhi* qui émanait d'Amma, associée à la joie des chants et de la prière, nous gratifia tous d'une expérience sublime.

Nous l'avions suivie un certain temps, quand elle se retourna et nous enveloppa d'un regard d'amour indescriptible. Ce regard contenait tant de compassion et tant de force à la fois qu'on aurait dit qu'il pulvérisait tous nos *karmas* et nos *vasanas* (habitudes profondément ancrées). Lentement, Amma redescendit à notre niveau. Peu après, elle riait et discutait affectueusement avec nous. Un peu fatiguée par sa longue marche, elle s'assit quelques minutes sous un arbre le long du chemin. En dépit de nos suggestions, elle refusa de monter dans la carriole et se leva peu après pour reprendre sa marche. C'est ainsi que nous fîmes à pied les treize kilomètres du tour de la colline.

Vers la fin de la circumambulation, nous rencontrâmes un charmeur de serpents qui jouait de la flûte au bord du chemin. Amma alla s'asseoir devant lui, observant avec intérêt le serpent qui dansait au son de la flûte. Comme un petit enfant, Amma demanda : « Mes enfants, pourquoi les serpents n'ont-ils ni pieds ni mains ? » L'innocence de sa question nous fit tous rire. Mais elle donna elle-même la réponse : « Dans leurs vies passées, peut-être n'ont-ils pas utilisé à bon escient leurs mains et leurs jambes ? Mes enfants, gardez ceci présent à l'esprit : pareille incarnation peut survenir à quiconque fait mauvais usage de ce que Dieu lui a donné. »

À présent, son expression avait complètement changé, révélant tout le sérieux et la majesté du guru. « Mes enfants », poursuivit-elle, « Amma sait que vous aimez Amma plus que tout au monde. Vous ne pouvez concevoir d'autre forme de Dieu qu'Amma. C'est pourquoi vous n'avez pas vraiment besoin de faire le tour de la colline. Cependant vous devez devenir des modèles pour la société et donner l'exemple. Autrefois, les gens étaient capables de voir Dieu en la personne de leur guru. Mais de nos jours, peu de gens ont ce pouvoir de discernement. C'est pourquoi de tels rites et cérémonies sont nécessaires pour les gens ordinaires. Par votre exemple, la société doit apprendre à suivre ces pratiques. Aussi, à l'avenir, honorez toujours ces rites, afin de contribuer à l'élévation spirituelle de l'humanité. Amma elle-même observe ces pratiques pour vous montrer la bonne voie. »

Nous restions assis dans un silence contrit, absorbant les paroles d'Amma. Au bout de quelques minutes, elle continua : « Mes enfants, ne soyez pas tristes à l'idée qu'Amma est toujours en train de vous reprendre. Ne pensez jamais qu'Amma ne vous aime pas. Amma ne vous instruit qu'en raison de son amour débordant pour vous. Vous êtes le trésor d'Amma. Amma a renoncé à tout, mais il y a une seule chose qu'elle ne pouvait abandonner : vous, mes enfants. Amma ne se sent vraiment heureuse que lorsqu'elle vous voit devenir la lumière du monde. Elle ne demande ni votre adulation ni vos soins. Amma veut seulement vous voir acquérir la force de porter le fardeau et la souffrance du monde. »

Les paroles d'Amma, profondes et pourtant douces comme un nectar, pulvérisèrent nos ego. Nous tombâmes à ses pieds en priant : « Ô Amma, rends-nous nobles ! Rends-nous si purs que nos vies puissent être sacrifiées pour le salut du monde. »

Au bout de quatre heures, je regagnai la maison avec un sac vide, ayant moi-même mangé toutes les provisions. Comme je poussai la porte, mon sac vide à la main, Amma saisit immédiatement la situation, et me dit en éclatant de rire : « M'as-tu apporté quelque chose à manger ? »

Notre séjour coïncidait avec le festival de Divali, célébration annuelle qui attire des centaines de milliers de personnes de toute l'Inde du Sud. À cette occasion, on allume un feu sacré au sommet d'Arunachala. Il représente le brasier de l'illumination spirituelle déchirant les ténèbres de l'ignorance immémoriale. Un matin, nous descendîmes tous en ville pour voir la procession du char. Les effigies des divinités locales sont placées sur un immense char de bois, haut de plus de trente mètres et délicatement sculpté. Le char défile en procession par les rues de la ville, tiré par la foule au moyen de cordes. Ce fut un joyeux événement et un spectacle impressionnant. Tandis qu'Amma se tenait au balcon d'un immeuble pour mieux voir le char, un *avadhuta* du nom de Ramsuratkumar vint la voir. Il avait été disciple du célèbre Swami Ramdas, de Kanhangad, dans le Nord du Kérala. À Tiruvannamalai il était révéré pour sa sainteté. Vêtu de haillons, il avait une longue barbe flottante et tenait à la main un éventail. En présence d'Amma, il devint soudain comme un petit enfant, la regardant comme sa mère spirituelle. Cela ouvrit les yeux des dévots locaux quant à la nature réelle d'Amma. Au terme de dix jours bénis passés à Tiruvannamalai, nous regagnâmes l'Ashram.

Un beau jour, Amma décida qu'il était temps d'ajouter deux huttes à celle que nous avions déjà. Avec l'afflux de nouveaux résidents permanents, nous avions besoin de plus de pièces. Amma ne voulait pas que nous dormions à la belle étoile *ad vitam*. Une existence si dépouillée était bien sûr un bon test de notre détachement, mais Amma considérait qu'un aspirant spirituel devait disposer d'un coin privé pour sa *sadhana*.

Je fus chargé de surveiller les travaux. On avait fait venir des ouvriers pour construire les huttes. Je fis un plan et le soumis à Amma. Il représentait trois huttes disposées en U, ouvertures vers l'extérieur du U. Je pensais que cette disposition économiserait l'espace et permettrait à la brise d'entrer dans toutes les huttes. L'idée semblait bonne. Les ouvriers érigèrent les principaux piliers soutenant la charpente des huttes et commencèrent à lier les palmes de cocotier sur cette armature. En sortant du temple, Amma vit les travaux en cours et se mit à crier :

« Qui leur a dit de faire cela ? »

Tous les doigts se pointèrent vers moi. Ma belle fierté d'architecte s'écroula aussitôt.

« Qui t'a demandé de donner cette orientation aux huttes ? »

« Enfin, Amma, tu as vu le plan, et tu l'as approuvé. »

« Je ne me souviens pas avoir vu le moindre plan. Démolissez cela ! On ne doit jamais construire des huttes en vis-à-vis. Tu ne penses qu'au confort, à la circulation d'air ! Et les préceptes des Écritures, alors, tu n'y songes pas ? Non, bien sûr ! Les règles interdisent de construire des huttes de cette façon. » Sur ces bonnes paroles, Amma retourna dans le temple. Je me tournai impuissant vers les ouvriers et les priai d'anéantir leur travail de la matinée. Puis, m'adressant à Balu :

« Tout cela a-t-il un sens ? » dis-je, « Il est très difficile de comprendre Amma. »

« Attends, sois patient. » répondit Balu, « Attendons de voir ce qu'Amma nous prépare. C'est sa manière de t'amener à t'abandonner complètement à elle. »

Deux minutes plus tard, Amma ressortit du temple. Elle regarda les ouvriers qui commençaient à démanteler les huttes.

« Mais que font-ils ? Dis-leur de construire selon le plan d'origine. Sinon, comment la brise pourrait-elle pénétrer dans les huttes ? »

« Mais Amma », dis-je, « que fais-tu des règles des Écritures ? »

« Les règles ? Quelles règles ? Il n'y a pas de règles en ce qui concerne la construction de huttes. Les règles ne s'appliquent qu'aux véritables bâtiments en dur. »

Ayant dit, Amma regagna une fois de plus le temple.

D'éventuels témoins de cette scène auraient sans doute qualifié Amma de déraisonnable, voire de folle. Mais la manière dont Amma s'occupe de l'esprit de ses disciples s'inscrit parfaitement dans la lignée des traditions présentes et passées. Marpa, le Guru du célèbre yogi tibétain Milarepa, lui fit construire et reconstruire maintes fois une tour de sept étages, avant de se déclarer satisfait de son travail et de lui accorder l'initiation. Aujourd'hui, Milarepa est considéré comme le plus grand yogi de l'histoire du Tibet.

Il existe beaucoup de récits de ce genre sur les gurus qui mettent à l'épreuve l'obéissance et le lâcher prise de leurs disciples.

Un guru âgé de plus de cent ans voulait désigner son successeur. Comme les candidats étaient nombreux, il décida de les mettre à l'épreuve. Il demanda à chacun d'aller chercher de la terre et de construire une plate-forme de boue. Quand toutes les plates-formes furent achevées, le guru dit : « Je suis désolé, mais ces plates-formes ne sont pas aussi bien que ce que j'espérais. Pourriez-vous s'il vous plaît les détruire et recommencer ? » Ainsi fut fait. Le guru dit alors : « Cet endroit ne convient pas pour des plates-formes. S'il vous plaît, défaites-moi cela et construisez vos plates-formes sur ce bout de terrain là-bas. » Lorsque ce fut fait, le guru vint les inspecter. « Hmm, Je n'aime pas davantage ce terrain. Pourquoi ne pas construire vos plates-formes plutôt là-bas ? »

La plupart des disciples pensaient que le guru était devenu sénile avec l'âge et qu'il n'avait plus toutes ses facultés. Beaucoup se lassèrent donc, ce qui ne laissa que quelques candidats à la succession du guru. Mais chaque fois que ceux-ci construisaient une plate-forme, le guru la rejetait encore et toujours.

Au bout d'un certain temps il ne resta plus qu'un seul candidat en lice, un homme d'âge moyen. À le regarder construire puis démolir plate-forme après plate-forme, les autres disciples se moquaient de lui, disant qu'il était bien bête de vouloir complaire à un guru un peu dérangé. Le disciple interrompit un moment son travail pour leur dire :

« Mes frères, ce n'est pas le *Satguru* (Maître Réalisé) qui est fou. Le monde entier est fou, et il n'y en a qu'un seul qui ne le soit pas : le *Satguru*. Le monde entier est aveugle ; seul le *Satguru* y voit clair. » Les disciples répliquèrent qu'ils souffraient manifestement tous les deux d'aliénation mentale. « Vous pouvez dire tout ce que vous voulez de mon humble personne », répondit le disciple, « mais je vous interdis d'avoir la moindre parole irrespectueuse envers mon *Satguru*. Même si je dois passer le restant de mes jours à construire des plates-formes pour me conformer à ses désirs, par sa grâce, je continuerai. »

En définitive, le disciple reconstruisit sa plate-forme d'un cœur léger soixante-dix fois en tout. Le guru lui dit alors : « Tu peux t'arrêter à présent. Je suis très content de toi, car toi seul m'a obéi implicitement. Tu t'es complètement abandonné à ma volonté et à mes souhaits. » Se tournant vers les autres disciples, il leur dit : « Il n'en est pas un seul parmi vous qui m'ait obéi, alors que c'est la première obligation d'un vrai disciple : donner au Maître tout votre amour et toute votre dévotion, lui accorder votre pleine confiance, et obéir à ses désirs d'un cœur joyeux. »

Le disciple s'abandonne à un Maître Réalisé en vertu du grand amour et du respect qu'il éprouve pour lui. Les épreuves toujours plus difficiles qu'il lui faut traverser ne servent qu'à renforcer sa détermination.

Plus tard ce soir-là, nous étions assis autour d'Amma. Comme si elle lisait dans mes pensées concernant les événements de la journée et l'étrangeté de son comportement, elle dit : « L'abandon de soi ne peut être imposé par le Maître. Il se produit naturellement chez le disciple. Un changement intervient dans son attitude, dans sa compréhension, et dans sa manière de faire les choses. C'est son monde intérieur qui se transforme. Toute sa conception de la vie change. Un Maître authentique ne forcera toutefois jamais un disciple au renoncement. Forcer, de quelque manière que ce soit, serait mauvais, comme la blessure que l'on infligerait à une fleur en bouton en voulant écarter de force ses pétales. La violence détruirait la fleur. Dès que les conditions favorables sont réunies, l'éclosion se produit spontanément. Le Maître crée les situations nécessaires à l'éclosion du disciple. En réalité, un véritable Maître n'est pas une personne : il n'est pas le corps car il n'a pas d'ego. Son corps n'est qu'un instrument qu'il promène partout afin d'être présent au monde pour le bien des gens. Deux personnes peuvent s'imposer mutuellement des idées car elles sont identifiées à leur ego. Mais un *Satguru*, qui est l'incarnation de la Conscience Suprême, ne peut rien imposer à personne, car il est au-delà de la conscience du corps et de l'esprit. Le Maître est comme les grands espaces ou le ciel infini. Il existe, voilà tout.

Si quelqu'un essaie de vous imposer ses règles ou ses idées, vous saurez que c'est un faux maître, même s'il se prétend réalisé. Un Maître authentique ne prétend rien. Il est là, c'est tout. Peu lui importe que vous vous abandonniez ou non à lui. Si vous vous abandonnez à lui, vous en tirerez bénéfice ; si vous ne vous vous abandonnez pas à lui, vous ne changerez pas. Dans un cas comme dans l'autre, le maître n'est pas affecté. Il ne s'inquiète de rien. La simple présence du maître permet à l'éclosion de se produire naturellement. Le Maître ne fait rien de spécial pour cela. Il est le seul à pouvoir vous former sans vous donner un enseignement direct. Sa simple présence génère automatiquement un flux constant de situations dans lesquelles vous pouvez faire l'expérience de la Réalité suprême dans sa plénitude. Mais le Maître ne fait pas intervenir la force et il ne demande rien. Le désir de renoncement croîtra en vous à partir de l'immense inspiration qu'apporte la présence physique du Maître, incarnation de toutes les qualités divines. Vous contemplez en Lui l'acceptation et le véritable don de soi, et vous avez ainsi un exemple réel sur lequel vous appuyer. »

Ceci devrait répondre à toutes les questions que pourrait se poser le lecteur. Pourquoi un véritable guru se comporte-t-il parfois de façon déraisonnable, contradictoire ou même carrément insensée ? Tout simplement pour donner au disciple l'occasion de déposer son mental aux pieds du guru et de recevoir ainsi la Connaissance divine. Tant que le mental individuel existe, le disciple ne peut atteindre la Sagesse. Le disciple désireux de maintenir son individualité ne peut pas en même temps se fondre dans l'Esprit universel. Renoncement et obéissance sont nécessaires. La méditation, l'étude et les autres disciplines spirituelles sont faciles comparées à la pratique du don de soi au guru. Gardons ici à l'esprit qu'il ne s'agit pas d'une personne s'abandonnant à une autre personne. Tout guru digne de ce nom est parvenu à l'unité avec la réalité transcendante. Il a fondu son individualité dans l'existence universelle et il est devenu l'instrument de Cela. S'abandonner à lui revient à s'abandonner à Dieu, à se fondre en Dieu et à ne plus faire qu'un avec Lui. C'est dans cette optique qu'il faut comprendre les actions ou les paroles étranges d'Amma.

Un jour, Amma était assise sur la véranda du temple, adossée au mur. Un dévot lui avait apporté un petit sachet de « mixture », mélange de cacahuètes grillées, de lentilles, de pois et autres légumes séchés, salés et pimentés. Amma l'étala sur le sol, selon son habitude, puis prit quelques petits morceaux et les mangea. Quelques corbeaux arrivèrent alors et se mirent à picorer. L'un d'eux se mit à se battre avec les autres, essayant de les empêcher de manger quoi que ce soit. Il réussit finalement à chasser ses congénères, puis se tint là tout tranquille, regardant Amma sans rien manger lui-même. Amma fixa le corbeau, qui avait un air doux tout à fait inhabituel chez ces oiseaux.

« Je ne sais pourquoi, je ressens beaucoup d'affection pour ce corbeau », me dit Amma. « S'il-te-plaît donne-lui quelque chose à manger. » Je me penchai pour lui donner un peu de mixture, mais il s'écarta de moi et sauta sur les genoux d'Amma. Il resta là un bon moment, à l'amusement général. Puis il s'ébranla, donna un petit coup de bec à la boucle de nez d'Amma et s'envola.

Le lendemain, j'étais étendu sur une natte au bord des *backwaters*. Le même corbeau vint à moi et me sauta sur le ventre. Il resta là aussi longtemps que je me tins tranquille. Je lui caressai la tête sans qu'il trouve à y redire. C'était un comportement très inhabituel chez un corbeau, car ils sont en général soit très peureux soit extrêmement agressifs et arrogants. Ce corbeau-là revint les jours suivants.

Puis, un jour, nous le trouvâmes flottant dans l'eau du réservoir situé au-dessus de la chambre d'Amma. Comme il était encore vivant, nous le descendîmes et allumâmes un feu afin de le réchauffer. Nous voyant faire du feu au bord de l'eau, Amma vint voir ce qui se passait. Elle s'approcha, prit l'oiseau mourant, et le caressa doucement, sur quoi il expira dans ses mains. Béni soit ce corbeau ! Puissions-nous mourir ainsi entre les mains de la Mère Divine !

À peu près à cette époque, ma mère m'écrivit des États-Unis pour me dire qu'elle aimerait passer quelque temps avec moi. Une fois tous les trois-quatre ans, elle venait en Inde ou me proposait de la retrouver quelque part à mi-chemin. Cette fois, elle souhaitait aller en Egypte et en Israël. Avec la permission d'Amma, je partis pour Bombay, j'obtins visas et billets d'avion et m'envolai pour l'Egypte.

Je n'avais jamais été au Moyen-Orient. Comparé à l'atmosphère tranquille de l'Inde du Sud, j'avais le sentiment d'une grande hostilité. Ensemble, nous visitâmes les pyramides de la région du Caire, puis nous partîmes au sud vers la Vallée des Rois et des Reines, près de Karnak. Je ne sais pourquoi, cette civilisation éteinte n'avait pas grand attrait pour moi. Après tout, la culture de l'Inde antique est au moins aussi vieille que la civilisation égyptienne, mais elle survit encore aujourd'hui telle qu'elle était il y a des milliers d'années. La seule chose que je trouvai vraiment intéressante fut, à Karnak, un très grand temple exhumé par des archéologues au dix-neuvième siècle. Il était construit exactement sur le même plan que les antiques temples de Shiva du Tamil Nadu. Comme eux, il avait de grandes tours servant de portes, des murs d'enceinte et des salles à colonnades. Il y avait même des images d'un dieu et d'une déesse, un grand bassin pour les ablutions et des véhicules pour transporter le dieu d'un endroit à l'autre au cours de l'année. Exactement comme chez nous ! Mais l'échelle des temples égyptiens faisaient paraître nains ceux de l'Inde. On se sentait microscopique dans la grande salle aux piliers colossaux. Pensant que tout le monde aimerait voir ces vieux temples, j'achetai des diapositives pour les rapporter en Inde.

Ensuite, nous nous rendîmes en Israël. J'étais impatient de découvrir les hauts lieux associés à la vie de Jésus. Après avoir vécu quinze ans en Inde en compagnie de nombreux saints réalisés, j'avais développé une réelle vénération pour le Christ en tant qu'être réalisé et incarnation de Dieu. J'ai beaucoup apprécié de voir son lieu de naissance, les endroits où il a accompli quelques-uns de ses miracles, et le Calvaire où il a expiré. J'ai passé davantage de temps à méditer dans ce dernier endroit. Bien que Jésus soit mort depuis près de deux mille ans, on ressent encore la sainteté des lieux qu'Il a fréquentés.

Enfin, je retournai en Inde, content de rentrer. Le soir de mon arrivée, nous décidâmes de passer les diapositives que j'avais ramenées d'Egypte et d'Israël. Amma se joignit à nous dans le hall de méditation. Je faisais le commentaire. Amma ne parut pas très intéressée, jusqu'au moment où nous en vînmes au temple égyptien exhumé des sables. À sa vue, elle nous dit : « Vous voyez, j'ai toujours dit que sous ce hall de méditation se trouvait mon précédent Ashram. Si l'on creusait suffisamment profond, on trouverait ici un temple, avec les tombes de nombreux moines. Tout a été emporté par un raz de marée puis recouvert par le sable. Si en Égypte les scientifiques ont pu mettre à jour tout un complexe archéologique enfoui à des centaines de pieds sous le sable, pourquoi ce que je vous dis ne serait-il pas vrai ? »

Amma avait souvent mentionné que son précédent Ashram se trouvait sous l'actuel. Elle avait aussi dit qu'il n'y avait pas eu d'ashram à cet endroit depuis au moins mille ans. En rapprochant ces deux affirmations, nous en avons conclu que l'incarnation précédente d'Amma remontait à cette époque. Ce n'est probablement pas un hasard si, de tous les enfants, elle est la seule à être réellement née dans la maison de ses parents. Tous les autres frères et sœurs sont nés à l'hôpital, dans les villes voisines. Il est également bien connu qu'un moine errant s'était un jour arrêté devant la demeure familiale. C'était il y a bien des années, alors que le père d'Amma n'était qu'un jeune homme. Le moine avait éclaté d'un rire tonitruant. Quand on lui en avait demandé la raison, il avait répondu que l'endroit était sacré et que de nombreux saints étaient enterrés là. Une chose est sûre : ceux qui viennent ici ressentent une paix inhabituelle. Qui peut dire si ceci est dû à la sainte présence d'Amma, aux associations du passé, ou aux deux combinés ?

Amma dit qu'un lieu ne devient pas saint de lui-même mais du fait qu'un saint ou un sage y ont vécu. Les effets de leur aura radieuse persistent pendant des milliers d'années. Beaucoup de principes impalpables gouvernent notre monde. À vivre auprès d'Amma, la foi en ces vérités subtiles se développe naturellement.

Après avoir vu les diapos des lieux saints de la chrétienté, une discussion animée s'éleva, concernant les vastes divergences entre les principes originels d'amour et de compassion enseignés par le Christ et les formes de christianisme qui se développèrent par la suite, aboutissant parfois à des guerres et à des conflits. Amma alla droit au cœur du problème en nous disant : « Les principes essentiels de toutes les religions enseignent l'amour, la paix et l'harmonie. Jamais les Maîtres spirituels n'ont prêché l'égoïsme, ni encouragé les gens à se traiter injustement ou à se battre. Le problème n'est pas au niveau des religions ou de la spiritualité. Il vient du mental de l'homme. Les problèmes et conflits qui existent aujourd'hui au nom de la religion sont dus à la méconnaissance des principes religieux.

À notre époque moderne, les gens vivent plus dans leur tête que dans leur cœur. Le mental nous leurre. Le mental est le siège de l'égoïsme, de l'iniquité et de tous nos doutes. L'intellect est le siège de l'ego. Celui qui vit tout entier dans le mental et dans l'ego ne se soucie pas des autres, il ne se préoccupe que de lui-même.

Les intellectuels interprètent à leur convenance les enseignements des Écritures et des grands Maîtres de leur religion. Les gens sans méfiance constituent des proies faciles, ils adoptent ces définitions déformées de la vérité. Ils finissent par se retrouver en conflit avec eux-mêmes et avec les autres. C'est ce qui se passe dans la société moderne. Les intellectuels deviennent des chefs et des conseillers écoutés. Leurs partisans les idéalisent et leur vouent un culte comme à Dieu. En fait, Dieu passe alors aux oubliettes. On choisit d'ignorer la vérité et les principes essentiels de la religion, la raison d'être même de la religion et des pratiques spirituelles.

Malheureusement, à la mort d'un Maître, ce sont des intellectuels de ce genre qui prennent la direction de la plupart des religions. Seule une âme remplie d'amour et de compassion est capable de guider l'humanité et d'éclairer la voie de la religion.

Seul un Maître est capable d'unir les gens et de les aider à comprendre le sens véritable de la religion et de ses principes. Mais le cœur a été oublié.

Quiconque possède une réelle compréhension de la religion ne blâmera jamais ni la religion ni les Maîtres spirituels authentiques pour les calamités actuellement perpétrées en leur nom. La faute en incombe aux pseudo-enseignants religieux, et non à leurs innocents disciples. Ces soit-disant maîtres veulent imposer aux autres leurs idées et leurs visions. Leurs partisans sincères ont pleinement foi en leurs paroles et en leurs interprétations erronées. L'intellect (l'ego) est beaucoup plus puissant que le mental. Le mental est intrinsèquement faible. L'intellect est déterminé, alors que le mental doute sans cesse, vacille et tremble. Les interprètes intellectuels de la plupart des religions ont la détermination nécessaire pour convaincre les gens. Leur énorme ego et leur détermination l'emportent facilement sur les adeptes de toute véritable religion. Ainsi ont-ils le dessus sur les croyants sincères.

Ces intellectuels sont totalement dépourvus de foi véritable, d'amour et de compassion. Leur mantra est l'argent, la puissance, le prestige. Ainsi ne blâmez pas la religion, la spiritualité ou les vrais Maîtres pour les problèmes que connaît le monde actuel. Il n'y a rien de mal dans la véritable religion ou la spiritualité. Le problème, c'est le mental humain. »

Quand je suis venu m'installer auprès d'Amma en janvier 1980, les seuls bâtiments étaient la maison familiale, le petit *kalari* (temple) où elle donnait le *darshan* pendant les *Devi* et les *Krishna Bhavas*, et un abri recouvert d'un simple toit de palmes, sans murs, permettant aux dévots de passage de se reposer à l'abri de la pluie ou du soleil. Pendant quelque temps, j'ai dormi dans la maison, tandis qu'Amma et Gayatri se reposaient dans le temple. La famille assurait la cuisine. Mais au bout d'un certain temps, nous avons souhaité être indépendants de la famille, car ils ne pouvaient avoir envers Amma la même attitude que nous. Pour eux, elle restait toujours la fille ou la sœur. Les choses ont dû être très bizarres et très difficiles pour eux après notre arrivée, car Amma avait été jusqu'alors la servante de la famille. Et voilà qu'à présent nous nous efforcions de la servir. Amma ne possédait rien. Même les vêtements qu'elle portait, elle les partageait avec ses sœurs. Si elle était fatiguée, elle se couchait sur le sable, même s'il pleuvait. Elle ne possédait pas même une natte, ne parlons pas d'un oreiller ou d'une couverture ! Durant les *Bhava Darshans*, elle restait debout dans le temple plus de douze heures d'affilée. Bourré de dévots, le temple n'avait pas la moindre aération, et nous n'avions pas de ventilateur. Pourtant Amma ne se plaignait jamais de rien. Elle incarnait vraiment le renoncement et l'abandon de soi. Que ce soit agréable ou pénible, elle acceptait tout comme la volonté de Dieu. Elle était et demeure l'idéal en toutes choses. Sa vie est un exemple que tout aspirant spirituel sérieux, tout être humain, devrait suivre. Elle nous dit : « Un véritable Maître montrera toujours l'exemple à ses disciples. Un Maître réel, bien qu'ayant transcendé toutes les lois et les limitations, doit s'en tenir strictement aux valeurs morales et éthiques. C'est seulement ainsi qu'il sera un exemple pour les autres. Si le guru dit : « Écoutez, je suis au-delà de toutes choses, et donc, je fais ce qu'il me plaît. Contentez-vous de m'obéir et de faire ce que je vous dis, » cela ne peut que nuire au disciple. Un Maître authentique ne fera jamais rien de tel. Tous les grands Maîtres du passé, les anciens saints et sages, étaient les exemples vivants de nos valeurs les plus hautes et les plus nobles. Bien que le guru soit au-delà de la conscience du corps et dépourvu de toute faiblesse humaine, les disciples ne le sont pas. Ils s'identifient au corps et à l'ego, et c'est pourquoi ils ont besoin d'un exemple vivant, d'une incarnation des qualités divines à laquelle se raccrocher. Les disciples tirent toute leur inspiration du Maître. Aussi un véritable Maître attache-t-il une grande importance au fait de mener une vie exemplaire, fondée sur la morale et sur l'éthique. »

Nous ressentions comme une chance de pouvoir servir Amma en lui procurant une natte, un drap, un oreiller ou de la nourriture. C'était indubitablement une époque bénie pour nous, car il y avait mille moyens simples de servir notre guru, en lui offrant des aliments, des vêtements ou d'autres articles de première nécessité. Amma acceptait tout, non qu'elle en eût besoin, mais pour nous faire plaisir et pour nous permettre de la servir.

On raconte l'histoire d'un homme très riche qui se rendit un jour au temple et offrit cinq mille pièces d'or à la divinité. Le prêtre prit l'argent comme si de rien n'était et le donna à l'office. L'homme se troubla : « Savez-vous que ce sac contient cinq mille pièces d'or ? » demanda-t-il au prêtre. Le prêtre hocha la tête.

« Êtes-vous sûr d'avoir bien compris ? »

« Vous me l'avez déjà dit », répondit le prêtre, « je ne suis pas sourd. »

L'homme commença à s'énerver : « Écoutez, cinq mille pièces d'or, c'est tout de même une somme, même pour un homme riche comme moi. »

Le prêtre regarda l'homme avec commisération et lui dit :

« Voyons, monsieur, est-ce que vous me demandez de vous en être reconnaissant, de vous remercier ? »

« Eh bien, ce serait tout de même la moindre des choses ! »

« Attendez une minute, monsieur, je vais aller rechercher vos pièces d'or. Vous pouvez les reprendre. Vous devriez être reconnaissant qu'elles aient été acceptées. Un donateur devrait être reconnaissant car, si son don n'était pas accepté, comment pourrait-il bénéficier de cette action ? »

Au bout d'un mois, il fut décidé que nous construirions une hutte afin de vivre séparés de la famille. J'avais un peu d'argent, et cette somme suffit à acheter les matériaux. Peu après, nous avions une hutte de six mètres sur trois. Une moitié servait de cuisine, l'autre était réservée au repos. Bien sûr, repos ne voulait pas dire dormir, car Amma dormait rarement et recevait des gens dans la hutte vingt-quatre heures sur vingt-quatre. Au cours des deux ans où nous avons habité tous ensemble, je ne me souviens pas avoir jamais vu la lumière s'éteindre dans cette hutte. À l'époque, Amma, Gayatri, Balu et moi vivions là en permanence. C'étaient les débuts de l'Ashram.

Au bout de deux ans, un dévot qui venait de temps en temps voir Amma fit construire une autre petite hutte, adjacente à la première. Ce fut la première « maison d'hôte » de l'Ashram. Un ou deux ans plus tard, on comptait deux huttes de plus. Elles étaient utilisées par les nouveaux résidents, les *brahmacharis* qui étaient venus vivre sur place. À cette époque, nous étions dix ou douze. Et bien que chacun ait un coin à soi, il restait beaucoup de problèmes que je désirais résoudre. Et en tout premier lieu, le repos et l'intimité d'Amma. Parce que la chambre d'Amma n'était qu'une hutte en feuilles de cocotier tressées, les gens n'hésitaient pas à l'appeler du dehors ou même à regarder à travers les feuilles pour voir si elle était là. Personne ne se souciait de son repos, même si elle n'avait pas dormi depuis plusieurs jours. L'unique préoccupation des gens était de porter à sa connaissance leurs problèmes, rien d'autre. Amma s'allongeait parfois vers cinq ou six heures du matin après une longue nuit de veille. Elle était à peine endormie depuis dix minutes que quelqu'un entrait, se prosternait, lui touchait les pieds et l'appelait jusqu'à ce qu'elle se réveille, tout cela uniquement pour lui annoncer son départ ! Ayant vu la chose se reproduire maintes fois, je me triturais les méninges pour trouver une solution. Mais que pouvais-je faire ? L'idéal aurait été de construire une véritable pièce en briques et en ciment, avec de vraies portes et de vraies fenêtres, pour qu'Amma puisse avoir un peu de vie privée. Il aurait été bien aussi qu'elle ait sa propre salle de bains, car elle faisait la queue avec les autres, attendant son tour d'utiliser la cabine de douche, laquelle consistait en quelques palmes de cocotier entourant une plate-forme de pierres. Notre toilette était du type local, une toile de jute tendue sur quatre poteaux qui s'enfonçaient dans les backwaters, avec quelques méchants bouts de bois en guise de plate-forme où se tenir. Ceux qui viennent à l'Ashram de nos jours et se trouvent un peu incommodés de ne pas avoir salle de bains et toilette attenantes à leur chambre feraient bien de se rappeler de quoi se sont contentés Amma et les premiers ashramites pendant de longues années. Et que dire d'un ventilateur ? Le seul ventilateur de l'Ashram était un vieux truc poussif qu'on utilisait dans le temple pendant les *Bhava Darshans*, et que l'on mettait ensuite dans la hutte d'Amma pour couvrir le bruit des voix afin qu'elle puisse se reposer de temps en temps. Nous avions gratté nos fonds de tirelire pour pouvoir l'acheter, car en été la chaleur dans le temple était suffocante. Toute notre eau était amenée depuis le robinet du village, soit par nous-mêmes, soit par la sœur cadette d'Amma. Ce n'était pas tâche facile car le robinet était bien à quarante mètres de la maison, et de plus il était toujours entouré de vingt ou trente femmes attendant l'arrivée de l'eau, qui se produisait généralement vers minuit ou plus tard.

Un autre problème tenait au fait qu'aucun des *brahmacharis* n'avait d'endroit où méditer. La plupart du temps ils devaient laisser leurs huttes à des visiteurs de passage, et dormaient sous les arbres. Vu le nombre de visiteurs allant et venant à toute heure, il n'y avait aucun endroit où méditer sans être dérangé. Un hall de méditation et une chambre pour Amma voilà qui constituait désormais un besoin crucial, mais où trouver l'argent pour les construire ? Amma nous interdisait formellement de demander de l'argent à quiconque pour quelque raison que ce soit. Ceci nous apprit à nous en remettre à Dieu pour tout. Il en résulta nombre de situations intéressantes. Amma dut parfois aller mendier dans le village afin que les *brahmacharis* aient quelque chose à manger. Elle envoya un jour Balu mendier du riz dans son village, car nous n'avions pas d'argent pour en acheter. Il était sur le point de partir lorsqu'arriva un mandat postal qui nous permit d'acheter un sac de riz.

Je soulevai l'idée des constructions et demandai son avis à Amma. Elle refusa catégoriquement, à moins que nous ne construisions d'abord un semblant d'abri pour les dévots de passage. Chose curieuse, différents dévots firent peu après don de briques, de sable, de ciment, de bois et de tuiles, et nous pûmes construire un hall décent pour abriter les visiteurs les nuits de *darshan*. Avant de se retirer dans la hutte, Amma faisait sa tournée pour s'assurer que chaque personne était confortablement installée. Nous n'avions guère plus à offrir qu'un emplacement à même le sol, mais grâce à la sollicitude pleine d'amour d'Amma, les gens se sentaient mieux que s'ils avaient été chez eux dans un lit douillet.

À présent, nous avions la possibilité de construire une chambre pour Amma et une salle de méditation pour tous les résidents. Un jour, l'idée me traversa l'esprit d'aller aux États-Unis et d'essayer de réunir des fonds dans ce but. En même temps, je combattais cette idée, car je ne voulais pour rien au monde quitter Vallickavu ou l'Inde. Je sentais que ma sauvegarde spirituelle en dépendait. Pourtant, l'idée revenait sans cesse. Plus je la repoussais, plus elle revenait. Finalement, j'allai trouver Amma et lui soumis mon idée.

« Mon fils, cette idée ne vient pas de toi mais de moi. Mes enfants ont besoin d'un lieu où méditer sans être dérangés. Je ne voulais pas te dire d'aller en Amérique dans ce but, car je sais que tu ne veux pas t'éloigner, mais il n'y a apparemment pas d'autre alternative. Va, mais ne sois pas déçu si tu ne rencontres pas un accueil favorable. Dieu s'occupera de tout. Nous devons faire notre devoir, mais les résultats sont entre Ses mains. »

En vue de ce voyage, j'ai pensé que je devais écrire une sorte de brochure sur la vie d'Amma. Jusque là, rien n'avait été écrit sur Amma, en aucune langue. En fait, hormis quelques faits épars qu'elle avait mentionnés ici et là, nul ne connaissait vraiment quoi que ce soit de sa vie. À présent il devenait nécessaire de coucher tout cela sur le papier. Amma accepta de nous consacrer un peu de temps chaque jour pour nous parler de sa vie. Mais, comme le dit l'adage, les promesses sont faites pour être rompues ! Amma nous livrait quelques faits, puis agacée, se levait et partait. Nous posions des questions, nous efforçant de relier entre eux des petits bouts d'information et de remplir les blancs concernant les détails et les dates. Notre patience à tous fut mise à rude épreuve, mais finalement, nous parvînmes à écrire l'essentiel de la vie d'Amma.

Une question demeurait sans réponse et il semblait que nous n'arriverions jamais à obtenir d'Amma le moindre éclaircissement là-dessus. Nous souhaitions savoir à quel moment elle avait atteint la Réalisation. Pour quelque raison, elle évitait toujours de répondre quand nos questions en arrivaient là. Nous avons essayé des ruses variées pour obtenir une réponse. D'abord nous lui avons ouvertement posé la question : « Amma, quand as-tu atteint la Réalisation ? » Elle se levait alors d'un bond et partait en disant « Cette folle ne sait rien ! » Nous avons alors compris que l'approche directe ne nous mènerait nulle part. Nous lui avons alors demandé : « Amma, est-ce après le début des *Krishna Bhavas* qu'Amma a atteint la Réalisation, ou après le début des *Devi Bhavas* ? » La réponse fut la même : elle se levait et partait ! Nous avons alors essayé une autre technique. « Amma, quelqu'un peut-il manifester des *Bhavas* divins avant d'avoir atteint la Réalisation ? » Mais Amma était bien plus fine que nous et éludait toujours le sujet. Elle savait longtemps à l'avance ce qui se tramait

Amma devant le premier « bâtiment » de l'Ashram

dans nos têtes et avait arrêté ses plans bien avant que nous ne commencions à la questionner.

Finalement, alors que j'étais sur le point de partir, Amma admit qu'elle avait réalisé l'union avec *Brahman* sans forme dans ses années d'adolescence, bien avant le début des *Krishna* ou *Devi Bhavas*. Elle avait alors pris conscience que tous les aspects de Dieu, tels que Krishna, Ganesh, Shiva ou Dévi, se trouvaient en elle. Cependant, après cette révélation, Amma ajouta : « Mais, à vrai dire, tout cela n'est qu'une *lila* (un jeu divin) ! » Surpris, nous avions demandé : « Amma, veux-tu dire par- là que ta *sadhana*, ta Réalisation et les *Bhavas* ne sont que jeu ? »

« Oui », répondit Amma, « Cela n'avait d'autre but que de donner un exemple au monde ; Amma n'a jamais pensé que cet univers était réel. Depuis sa naissance, elle ne sent que la réalité de Dieu. Les *Krishna* et les *Devi Bhavas* sont soumis à la volonté d'Amma. Elle peut les manifester quand bon lui semble. Ils sont pour le bien du monde. Son être le plus profond est toujours le même, la Paix éternelle. »

Que dire de plus ? Les paroles d'Amma sont suffisamment éloquentes.

Le jour de mon départ arriva. J'allai voir Amma pour prendre congé d'elle, mais elle était dans le temple et se reposait, ce dont elle avait grand besoin. Je m'inclinai simplement à la porte du temple et partit. Je voulais servir Amma et non être servi par elle. Il me semblait plus important de la laisser se reposer, plutôt que de la voir pour lui dire au-revoir.

J'arrivai en Amérique après un voyage sans histoires. Ma mère avait offert de payer mon billet d'avion et de m'aider par tous les moyens. À partir du matériel biographique que j'avais rassemblé, nous avons rédigé une petite brochure sur Amma et l'avons envoyée à quelques cent cinquante personnes, en faisant appel à leur aide en faveur du travail d'Amma. Je n'étais pas très optimiste. Après tout, je ne connaissais personne, tous ceux à qui nous avions adressé notre appel étaient des amis de ma mère. De fait, les retours furent très maigres. J'étais déçu et ne savais que faire. Cela faisait presque deux mois que j'étais en Amérique.

Puis un jour, ma mère me dit : « Neal, tu te souviens, quand tu es parti pour l'Inde en 1968, je t'ai racheté ta collection de monnaies pour que tu aies un peu d'argent. Je l'ai toujours. Pourquoi ne pas la récupérer et essayer de la vendre ? » J'étais très heureux de ce noble geste, et me mis aussitôt à étudier le marché de la numismatique. En moins d'une semaine j'avais revendu ma collection dix fois le prix que je l'avais achetée. Cela suffirait à faire construire une chambre pour Amma ainsi qu'un hall de méditation. Je pris immédiatement un billet pour l'Inde, et peu après j'étais de retour auprès d'Amma.

Avec Ganga, un *brahmachari* français qui était venu vivre auprès d'Amma peu après moi, nous nous mîmes au travail et élaborâmes le plan du nouveau bâtiment. J'avais une petite expérience du travail de construction. Elle datait de ma vie à Tiruvannamalai, lorsqu'à la suggestion de mon précédent guide spirituel, Ratnamji, j'avais fait construire deux maisonnettes. Ganga possédait lui aussi une certaine expérience, acquise au même endroit : lors de son séjour à Tiruvannamalai, il avait supervisé un chantier pour le compte d'un dévot hollandais. Nous optâmes pour une construction de deux étages. Le rez-de-chaussée consisterait en une pièce unique avec une petite véranda et pourrait être utilisé pour la méditation. Sous l'escalier, il y aurait un espace de rangement pour entreposer des outils. À l'étage, il y aurait une chambre avec salle de bains et terrasse, réservée à l'usage d'Amma.

Malheureusement, nous n'avions pas de terrain pour construire quoi que ce soit. Tout le terrain en notre possession était occupé par nos huttes. Si nous les supprimions, où habiterions-nous ? Finalement, nous décidâmes de combler une partie des lagunes qui nous appartenaient. Il nous fallu beaucoup de temps pour amasser assez de sable et remblayer la lagune, ce qui repoussa d'autant les travaux. Comme le vieux temple où Amma donnait les *Bhava darshans* se trouvait alors en cours d'agrandissement, les *darshans* se tenaient dans l'abri qui avait été construit pour le repos des dévots.

En raison de difficultés diverses, la construction de ce petit bâtiment demanda environ un an. L'obtention des matériaux, les problèmes de main d'œuvre et le rationnement de l'eau concoururent à créer d'interminables retards. Pour ces mêmes raisons, lorsque par la suite un bâtiment plus grand fut construit pour les dévots, ce qui normalement aurait dû prendre deux à trois ans en prit sept. Mais même lorsque la chambre de l'étage fut prête, Amma refusa de s'y installer. Bien qu'au-delà du plaisir et de la souffrance, du confort et de l'inconfort, elle éprouvait le besoin de montrer l'exemple du renoncement en continuant à vivre dans la hutte, en dépit des multiples inconvénients que cela impliquait. Ce n'est que deux ans après la fin des travaux qu'Amma commença effectivement à y passer ses nuits. Elle finit par y établir ses quartiers, mais uniquement parce que Ganga et moi ne cessions de la supplier d'emménager.

À vivre proche d'Amma, on ne peut qu'être frappé par son souci extrême du progrès spirituel des gens. Elle préfère souffrir elle-même plutôt que de donner un mauvais exemple. Amma n'a nul besoin d'observer les règles et les directives de la vie spirituelle puisqu'elle est à jamais établie dans l'État même qui est l'aboutissement de tous ces efforts. Cet état est celui de l'*avadhuta*, celui qui a transcendé une fois pour toutes l'identification au corps. En règle générale, de tels êtres se préoccupent peu de l'élévation spirituelle du monde. Ils se complaisent dans leur propre état de Béatitude suprême et ne veulent pas se préoccuper des souffrances d'autrui. En fait, ils font généralement fuir ceux qui les approchent en faisant semblant d'être fous, possédés ou idiots. Il est pratiquement impossible de trouver un être établi en Dieu qui soit prêt à tout sacrifier pour le bien de ceux avec qui il entre en contact. De tels sages se comptent sur les doigts d'une seule main.

Des dévots d'Amma désiraient ardemment l'emmener à Kanyakumari (le Cap Comorin). C'est la pointe extrême de l'Inde et les eaux de trois mers s'y rejoignent, apportant des sables de trois couleurs différentes : la mer d'Oman, l'Océan Indien et la baie du Bengale. Un temple célèbre consacré à la Mère divine se dresse à cet endoit. Une femme *avadhuta*, Mayi Amma, vivait à Kanyakumari, et nous décidâmes de passer quelque temps auprès d'elle. Le *Devi Bhava* se tenant à Vallickavu le dimanche soir, nous partîmes le vendredi pour être de retour le dimanche dans l'après-midi. Nous étions une quinzaine dans un minibus.

Chemin faisant, nous fîmes un arrêt dans un village du nom de Marutamalai, niché au pied d'une montagne célèbre pour sa richesse herboristique. Là aussi vivait, disait-on, un *avadhuta*. Il s'appelait Nayana. Après quelques recherches, nous trouvâmes sa hutte, située dans la rue principale. Pénétrant dans une pièce faiblement éclairée, nous découvrîmes, assis dans un coin, un vieillard affreusement sale occupé à cracher du jus de bétel rouge sur les murs. Un des villageois nous dit qu'il ne s'était pas lavé depuis plus de dix ans. C'était assez facile à croire ! Immédiatement, Amma s'assit en face de lui, mais quelle ne fut pas notre stupéfaction et notre colère lorsqu'il lui décocha une gifle. Amma se contenta de lever les yeux vers nous et de nous dire de nous calmer. Ensuite il me cracha à la figure et se mit à vociférer dans un langage connu de lui seul. Évidemment, nous souhaitions quitter les lieux au plus vite, mais Amma n'était nullement pressée. Finalement, nous partîmes au bout d'une quinzaine de minutes.

Après avoir pris place dans le bus, Amma se tourna vers nous et s'exclama : « Merveilleux ! Il était plongé dans l'État suprême ! »

Nous ne pouvions absolument pas la croire. L'État suprême ? État suprême de quoi ? De la folie ? Amma répondit : « Vous ne pouvez pas comprendre, aucun d'entre vous. Seul celui qui est dans cet État est capable de le reconnaître en autrui », puis elle se tut. Nous pensions tous intérieurement : « Si c'est cela l'État suprême, très peu pour moi ! »

Nous poursuivîmes notre route vers Kanyakumari, trop heureux d'abandonner Nayana à son État suprême. Après avoir atteint le cap, nous nous mîmes en quête de Mayi Amma, qui vivait au bord de l'océan. Nous découvrîmes une très vieille mendiante, étendue demi-nue sur le sable. Un chien en guise d'oreiller, elle était entourée d'une meute de trente ou quarante bâtards. Etait-ce là la grande sage que nous recherchions ? Si Amma ne nous avait pas dit que Mayi Amma était un *Mahatma*, il aurait été impossible de le croire. Elle ressemblait à la dernière des miséreuses. Amma s'assit en face d'elle, tandis que nous l'entourions. Mayi Amma se redressa et lui balança une gifle. Nous étions sous le choc ! En l'espace d'une heure, c'était la deuxième fois de la journée qu'Amma se faisait gifler par un *Mahatma*. Elle se contenta de sourire et s'installa à califourchon sur le dos de Mayi Amma, comme un petit enfant jouant avec sa mère. Puis Mayi Amma se leva et se dirigea vers la plage. Toutes les poubelles de Kanyakumari avaient été rassemblées et déposées là spécialement à son intention. Tous les jours, elle allumait un bûcher et célébrait un sacrifice du feu en utilisant les détritus comme offrandes sacrées. Quelle était la signification intérieure de sa mystérieuse existence ? Nul doute qu'elle seule, et ceux qui partagent son état, peuvent le savoir. Ayant terminé son rituel, elle plongea dans l'océan nue comme un ver et refit surface avec un poisson, qu'elle se mit à dévorer tout cru.

Vers midi, un de ses dévots lui apporta son déjeuner dans une boîte en fer blanc à plusieurs compartiments. Assis autour d'elle, nous chantions des chants dévotionnels tandis qu'elle se restaurait. Elle offrit ensuite à chacun en gage de bénédiction un peu de ses restes. Un des dévots qui nous accompagnait était strictement végétarien depuis sa naissance. À tous Mayi Amma donna de la nourriture végétarienne mais à lui et à lui seul, elle présenta un morceau de poisson frit. Quand vint mon tour, elle entreprit de me verser un peu de pudding sucré dans les mains. Mais avant que le pudding n'atteigne mes paumes, un chien surgit et se mit à le laper au fur et à mesure qu'il était versé. N'atterrissait dans mes mains que ce qui dégoulinait de la gueule du chien. Amma me regarda intensément pour voir ce que j'allais faire. J'hésitai un instant, puis avalai le pudding. Quand nous allons à la rencontre de *Mahatmas*, nous devons avoir entière confiance en leur pouvoir spirituel. Nous devons être prêts à laisser tomber notre attachement à toutes nos règles et conceptions. C'est seulement à cette condition que nous pouvons recevoir leur bénédiction. Mayi Amma nous donnait justement l'occasion de faire cela.

Après deux jours plus ou moins sereins à Kanyakumari, nous reprîmes le bus pour rentrer à l'Ashram. Au fur et à mesure que nous nous rapprochions du village de Nayana, la tension montait en nous. Nous redoutions qu'Amma ne veuille s'arrêter pour le revoir. Nous étions presque à la sortie du village quand tout à coup nous vîmes Nayana debout au milieu de la route, nous faisant signe d'arrêter. Nous poussâmes un grognement collectif. Apercevant Nayana, Amma nous cria de stopper. Elle descendit aussitôt du véhicule et nous la suivîmes. Mais pas de Nayana en vue. Où était-il passé ? Nous nous rendîmes à sa hutte et trouvâmes porte close. Amma fut la première à en franchir le seuil. Nayana était là, assis dans son coin habituel. Même en courant depuis la route, il n'aurait pas pu regagner sa chambre en si peu de temps. Amma s'installa en face de lui, et nous nous préparâmes au pire. Amma commença à se balancer d'avant en arrière et à pincer la jambe de

Nayana. Il restait là, très calme, la regardant. Puis Amma ferma les yeux et des larmes commencèrent à couler sur ses joues. Nous ne comprenions rien à ce qui se passait. Soudain, elle explosa en *Kali Bhava*, état d'identification à la déesse Kali. Sa langue sortit de sa bouche, presque à toucher le menton, et elle émit un rugissement terrible. Ses yeux s'exorbitèrent, tandis que ses mains formaient des *mudras* (gestes sacrés). Elle se mit à rebondir sur place comme une balle. Les bracelets de ses poignets en furent pulvérisés. Dire que nous étions surpris serait un euphémisme ! Au bout de dix minutes environ, elle reprit son apparence habituelle. Lorsqu'elle rouvrit les yeux, elle avait l'air d'une personne complètement ivre. De fait, elle était ivre de Béatitude divine.

Montrant du doigt le jeune Shakti Prasad qui nous accompagnait, Nayana dit : « Ton fils, ton fils. » Là encore, nous étions stupéfaits, car nous savions tous que Shakti Prasad avait été conçu par la grâce d'Amma. Le fait que Nayana le sache nous prouvait qu'il n'était pas aussi fou qu'il n'en avait l'air.

Une fois que nous fûmes remontés dans le véhicule, Amma dit : « Pendant que nous allions à Kanyakumari, Nayana a compris qui j'étais. Il a attendu mon retour car il voulait voir ma véritable nature. C'est pourquoi il est apparu devant le bus pour disparaître ensuite. J'ai capté son souhait et lorsque je me suis assise devant lui, le besoin de satisfaire ce désir s'est levé dans mon esprit. En voyant l'aspect divin de Kali, Nayana a plongé dans l'état de Shiva, et ensemble nous avons communié dans la Béatitude transcendante. »

Le reste du voyage fut sans histoires et nous regagnâmes l'Ashram juste à temps pour le *Devi Bhava*.

Le lendemain, Amma s'allongea sur le sable devant la hutte. Au bout d'un certain temps, elle entra dans la hutte et me dit : « Nayana Swami vient de passer me voir. » Je jetai un coup d'œil dehors mais ne vis personne. « Non, non, je ne veux pas dire physiquement. Il est venu sous forme subtile et maintenant, il est reparti. » À vivre avec Amma, on prend progressivement conscience que la Création divine ne se limite pas au seul monde visible.

Une femme pénétra un jour dans l'enceinte de l'Ashram, se dirigea vers un des *brahmacharis* qui méditaient devant le temple et lui souffla dans les oreilles. Il en fut, bien sûr, très surpris. Après cela, la femme s'en alla. Elle avait l'apparence d'une villageoise locale. Amma l'avait vue arriver et repartir. Elle dit que cette femme devait être un *Mahatma*. Je demandai à Amma pourquoi elle pensait cela. Après tout, n'importe quelle personne dérangée aurait pu agir de la sorte. Amma répondit : « Sinon, comment aurait-elle su que ce *brahmachari* souffre d'abcès aux oreilles. Nombreux sont les *Mahatmas* qui, comme elle, parcourent le pays, inconnus du public. »

Tous les matins, nous méditions un certain temps en compagnie d'Amma, assis dehors devant sa hutte. Un matin je rejoignis les autres en retard. Je m'assis silencieusement à quelques mètres d'Amma. Je fermai les yeux et en quelques secondes, mon esprit devint parfaitement calme. Un peu plus tard il reprit ses singeries habituelles. Je restai là environ une demi-heure, puis me levai et allai dans la hutte. Amma me rejoignit et dit : « Fils, as-tu vécu une expérience particulière pendant ta méditation aujourd'hui ? Quand tu es arrivé et que tu t'es assis près de moi, mon esprit s'est tourné vers toi. Il a pris la forme de *Brahman* et t'a effleuré. »

Au fil des ans, ceci devint pour moi le signe qu'Amma pensait à moi. Cela s'est produit bien des fois : bien que je fusse physiquement éloigné d'Amma, mon esprit devenait parfaitement calme et la pensée intense d'Amma occupait alors ma conscience. Cela survenait parfois pendant que je parlais à quelqu'un. J'étais alors contraint de m'interrompre et je restais là comme un imbécile, muet. Cela ancra en moi la foi qu'Amma, par sa simple pensée, pouvait m'accorder la Réalisation que je désirais tant. Elle m'avait affirmé que c'était exact. Quatre jours après ma première rencontre avec Amma, j'étais retourné à Tiruvannamalai. Durant le trajet en train, j'avais senti diverses fragrances divines et eu l'impression qu'Amma était là avec moi. À plusieurs reprises, j'avais été pris d'accès de larmes et j'avais éprouvé un désir intense de voir Amma. Un mois et demi plus tard, lorsque je la retrouvai, je la questionnai sur ces manifestations. Elle confirma ce que je sentais, qu'elle avait pensé à moi et que cette pensée concentrée m'avait accordé ces expériences. Ce qui ne peut être atteint par des années de pratique spirituelle, peut être obtenu en un instant par la grâce d'une pensée ou d'un regard du *Satguru*, le Sage parfait.

On raconte une très belle histoire au sujet d'un roi de Perse. Il était très épris de vie spirituelle et recherchait sans cesse la compagnie de saints. Cependant, ce roi vivait dans un tel luxe que son lit était en permanence recouvert d'une couche de fleurs fraîches de trente centimètres d'épaisseur. Un jour qu'il était sur le point de se coucher, il entendit du bruit sur le toit du palais, au-dessus de sa chambre. Après enquête, il découvrit deux hommes qui déambulaient sur le toit.

« Que faites-vous là ? » leur demanda-t-il d'un ton vif.

« Sire, nous sommes chameliers, nous sommes à la recherche de nos chameaux égarés », répondirent-ils.

Confondu par tant de stupidité, le roi leur dit : « Et comment comptez-vous donc trouver des chameaux sur les toits d'un palais ? »

« Ô Roi », répondirent-ils, « si tu cherches la Réalisation de Dieu dans un lit de pétales, n'est-il pas naturel que nous cherchions des chameaux sur les toits d'un palais ? »

Cette réponse marqua profondément le souverain qui, en conséquence, changea radicalement son mode de vie. Abandonnant son royaume, il partit pour l'Inde en quête d'un Maître réalisé. En arrivant à Bénarès, il entendit parler d'un guru du nom de Kabir. Il se rendit chez lui et lui demanda de l'accepter comme disciple.

Kabir lui répondit : « Il n'y a rien de commun entre un roi et le modeste tisserand que je suis. Deux personnes aussi différentes pourraient difficilement faire bon ménage. »

Mais le roi plaida sa cause en disant : « Je ne viens pas à toi en tant que roi, mais en tant que mendiant. Encore une fois, je te supplie de m'accorder cette faveur. » La femme de Kabir, Loi, éprouvant de la compassion pour le roi, pressa son mari de l'accepter. Kabir finit par accéder à sa requête.

On confia au roi les plus basses besognes de la maisonnée : le lavage de la laine et du fil, l'approvisionnement en eau, en bois, et autres corvées du même genre. Six années passèrent. Le roi s'acquittait de sa tâche sans un murmure. Un jour, Loi entreprit Kabir en ces termes : « Voilà six longues années que ce roi est parmi nous. Il mange ce que nous lui donnons, il fait ce que nous lui ordonnons, il n'élève jamais un mot de protestation. Il me semble qu'il a largement mérité l'initiation. »

« De mon point de vue », répondit Kabir, « l'esprit du roi n'est pas encore pur comme le cristal. » Mais Loi insista ; elle ne pouvait croire que le roi ne fût pas prêt à recevoir l'initiation.

« Si tu ne me crois pas », dit Kabir à sa femme, « tu peux en avoir la preuve par toi-même. La prochaine fois que le roi sortira, amasse tous les détritus que tu pourras trouver et porte-les sur le toit de la maison. Au moment où tu verras le roi franchir le seuil, verse-lui la poubelle sur la tête. Reviens ensuite me dire sa réaction. »

Ainsi fut fait. Tandis que les détritus pleuvaient sur sa tête, le roi leva les yeux et dit dans un soupir : « Si nous étions en Perse, jamais tu n'aurais osé me faire cela. »

Loi rapporta à son mari les paroles du roi. « Ne t'avais-je

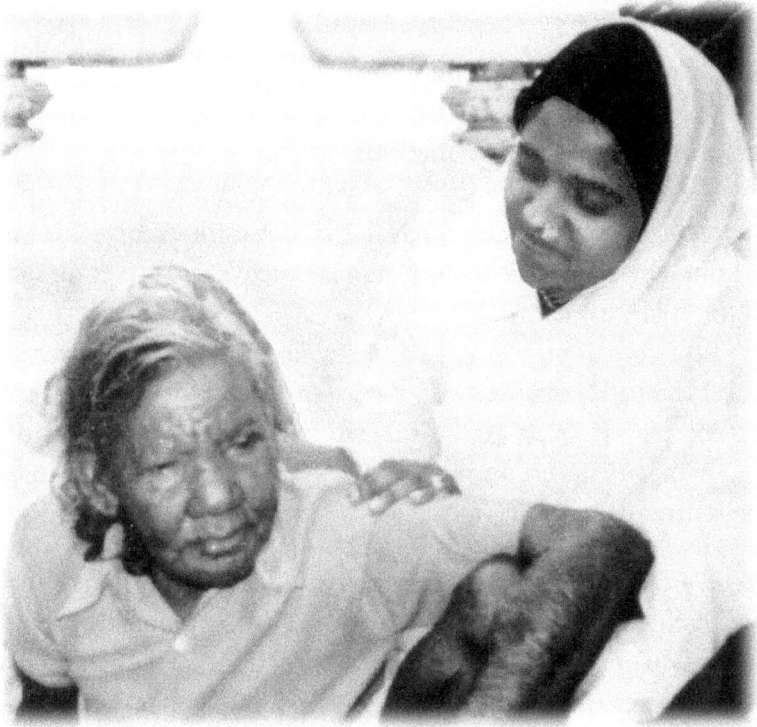

Amma avec Mayi Amma

pas dit que le roi ne méritait pas encore tout à fait l'initiation ? », commenta Kabir.

Six autres années passèrent, le roi trimant toujours aussi dur. Un jour, Kabir dit à sa femme : « Maintenant, le récipient est parfaitement prêt à recevoir le don. »

« Je ne vois aucune différence entre l'état du roi maintenant et il y a six ans », opina Loi. « Il s'est toujours montré travailleur et de bonne volonté, et il ne s'est jamais plaint, même pas les jours où il n'y avait pas assez à manger pour que nous le nourrissions. »

« Si tu veux voir la différence, répondit Kabir, tu n'as qu'à déverser à nouveau la poubelle sur sa tête. »

Le lendemain, comme le roi passait devant la maison, Loi fit exactement ce que Kabir lui avait dit. Levant les yeux, le roi dit : « Longue vie à toi. Ce mental était encore plein d'ego et de « je. » Il lui fallait un tel traitement. »

Loi courut répéter ces paroles à son mari. Kabir fit venir le roi et le regarda intensément. Par le pouvoir de son regard, l'esprit du roi s'éleva, s'éleva, et finit par se fondre en l'Être suprême.

« Ta *sadhana* est terminée, dit Kabir. À présent tu ferais mieux de rentrer dans ton royaume. »

Telle est la toute-puissance d'une Âme réalisée. Chacun devrait rechercher la compagnie d'un guru et s'efforcer d'obtenir sa grâce. Si quelqu'un tente de faire une *sadhana* tout seul, il perdra un temps précieux à essayer d'atteindre le but par tâtonnements. Même lorsqu'on a un guru, on rencontre d'innombrables obstacles, aussi bien intérieurs qu'extérieurs. Pourquoi ne pas s'assurer autant d'aide que possible, afin d'atteindre le but au plus vite ? Nous avons beau étudier assidûment les ouvrages spirituels ou pratiquer la méditation, il y a toujours toutes sortes d'aspects subtils de la vie spirituelle que nous ne savons pas gérer. Les saints qui ont parcouru la voie et qui ont atteint le but, sont la plus puissante des aides. Cependant, ils sont très rares !

Une nuit que j'étais assis avec Amma devant le temple, je lui ai demandé : « Amma, que dois-je faire pour réaliser Dieu ? » Ramassant une poignée de sable, Amma dit : « Tu dois devenir comme ce sable. Ce sable laisse tout le monde lui marcher dessus sans se plaindre. C'est le plus humble parmi les humbles. De même, quand tu ne seras plus rien, à cet instant précis, tu deviendras le Tout. L'individualité doit disparaître. C'est seulement ainsi que peut se manifester l'existence universelle. C'est le but de toute pratique spirituelle. »

Le mot *Mahatma* signifie grande âme. Beaucoup d'aspirants spirituels nourrissent l'idée grandiose de devenir des *Mahatmas* en acquérant de grands pouvoirs spirituels. Mais qu'est-ce qu'un véritable *Mahatma* ? Quelqu'un qui a détruit l'ego, quelqu'un qui a renoncé à son individualité et s'est ainsi fondu dans l'Être suprême. Ce sont là les seules caractéristiques d'une grande âme. De telles qualités n'existent pas chez l'individu rempli d'ego en quête de pouvoir. Pour que le véritable pouvoir spirituel devienne accessible, il faut d'abord avoir conquis l'ego. Dieu n'accorde pas Ses trésors à qui veut conserver une identité séparée.

Un jour arriva à Vallickavu un gentleman originaire d'Hyderabad. Il se présenta comme un dévot de Dévi ayant pratiqué des années durant diverses *sadhanas* afin d'obtenir la grâce de la Mère divine. Il avait entendu parler d'Amma et désirait assister au *Devi Bhava* dans le temple et chanter le *Devi Mahatyam*, célèbre hymne sanscrit à la gloire de la Mère divine. Amma accepta. Ce jour-là, après déjeuner, Amma, Gayatri et moi-même nous reposions sous un arbre. L'homme en question était lui aussi étendu sous un arbre, vingt mètres plus loin. Au bout de cinq minutes, Amma se mit à glousser. Se tournant vers nous, elle dit : « Cet homme est un expert en magie noire. Il a mémorisé de nombreux *mantras* qui lui permettent de contrôler des esprits malins du plan subtil. Avec leur aide, il peut se livrer à toutes sortes de méfaits. »

Surpris des paroles d'Amma, je lui demandai : « Amma, comment peux-tu dire une chose pareille ? Tu as à peine eu le temps de l'observer. »

« Je n'ai pas besoin de temps pour savoir qui il est. La brise qui a effleuré son corps m'a apporté tous ces *mantras*. »

En entendant les propos d'Amma, mes cheveux se dressèrent sur la tête. J'eus soudain un aperçu du monde d'Amma. J'étais sans voix. Mon esprit était paralysé. Nous qui voyons Amma à travers notre vision grossière, comment pourrions-nous comprendre qui elle est et comment elle perçoit ce monde ? Nous vivons enfermés dans une chambre obscure, tandis qu'elle est dehors, à l'air libre et dans la lumière. Rien n'échappe à sa vision. Nous connaissons tous la parole : « Rien n'échappe à l'œil de Dieu. » Ce qui pour l'homme ordinaire n'est qu'une simple expression verbale devient expérience vécue en présence d'une Âme réalisée. Ceux qui ont côtoyé, ne fût-ce que pendant une courte période, de tels Êtres, ne peuvent plus jamais employer à la légère des expressions telles que « À Dieu ne plaise », « Dieu seul le sait » ou « Nom de Dieu. » Pour l'individu moyen, Dieu n'est qu'un mot. Mais en vivant avec des *Mahatmas*, on perçoit clairement l'existence de Dieu.

Ce soir-là, il y avait *Devi Bhava*. Notre ami le magicien noir (tel est le nom que nous lui avions donné) entra dans le temple et s'assit à côté de moi. Il avait son livre à la main, prêt à réciter le *Devi Mahatyam*. Mais, inexplicablement, il devint très nerveux, regardant sans cesse autour de lui. Après s'être ainsi agité pendant un quart d'heure, il se leva et quitta le temple sans avoir récité son chant.

Le lendemain matin, il vint me trouver et me dit qu'il avait décidé de partir le jour même. Je lui demandai ce qui le pressait. Il répondit qu'il lui restait encore beaucoup d'endroits à visiter dans le cadre de son pèlerinage. Je lui demandai alors pourquoi il n'avait pas récité le *Devi Mahatyam* la veille, mais il ne répondit pas. Sentant un brin de malice pointer en moi, je lui demandai s'il connaissait la magie noire. Il devint tout pâle et dit « Non. » Je lui rapportai alors ce qu'Amma nous avait dit à son sujet. Il semblait sur le point de prendre ses jambes à son cou et de s'enfuir ; puis il déclara : « Il est vrai que j'ai étudié ces *mantras* il y a très longtemps, mais je ne les ai jamais employés contre personne. » Qui pouvait dire si c'était vrai ou non ? Quoi qu'il en fût, je ne voulais pas l'embarrasser davantage, si bien que je lui demandai s'il désirait voir Amma avant de partir. Cela dut le mettre encore plus mal à l'aise, puisque c'était Amma qui l'avait démasqué. Cependant, peut-être par politesse, il répondit « Oui. »

Nous entrâmes alors dans la hutte d'Amma. Elle était assise, en conversation avec des dévots. Regardant l'homme avec un sourire, elle lui dit : « Mon fils, combien d'enfants as-tu, et de combien de femmes différentes ? Quinze ? Vingt ? Tu ne devrais jamais utiliser ces mauvais *mantras*, sous aucun prétexte. En outre, tu ne devrais jamais boire ni avoir de relations sexuelles illicites sous couvert de culte tantrique. Cela te mènera à ta perte. Tu crois peut-être faire ainsi quelque progrès spirituel, mais sans les conseils d'un guru qui a atteint la Réalisation par la voie tantrique, on ne peut que se damner. » À ces mots, l'homme commença par élever des objections, mais après un moment de réflexion, il réalisa peut-être la vérité des paroles d'Amma et se tut. Après s'être incliné devant Amma, il quitta les lieux et on ne le revit plus. Environ un mois plus tard, un autre homme vint d'Hyderabad pour rencontrer Amma. Il nous dit qu'il connaissait cet homme, et qu'il était effectivement connu pour les agissements qu'Amma avait évoqués.

Cet incident me fit réfléchir au sort de cet homme et de ses semblables qui s'abusent et abusent aussi les autres. N'auront-ils pas à souffrir après la mort ou dans une vie future ? Ceci souleva dans mon esprit une question encore plus vaste, à savoir : y a-t-il ou non une autre vie après la mort du corps ? Qui pourrait le savoir mieux que Celle qui « était morte » huit heures durant pendant le *Devi Bhava*, après que son père eût exigé qu'elle lui rende « sa » fille ?

Le lendemain, je demandai à Amma : « Amma, dans les *Upanishads* on raconte l'histoire d'un garçon qui s'était rendu au royaume de la mort et avait demandé à Yama, le Seigneur de la Mort, si l'on continuait à exister après la mort du corps. Amma, tu vois tous les mondes en toi, je t'en prie dis-moi ce qui se passe quand nous quittons le corps physique. »

L'expression d'Amma se fit très grave. « En posant la question de la vie après la mort, me dit-elle, tu poses aussi la question de la doctrine du *karma*. Analyser la loi karmique n'est pas si important. L'essentiel est d'y échapper, de sortir du cycle du *karma*, engendré par l'ignorance de notre véritable Soi.

Les mauvaises actions du passé peuvent ne pas porter leurs fruits dans l'avenir immédiat, et il en va de même des bonnes actions. On voit des gens de peu de vertu mener une vie agréable, et de bonnes gens souffrir sans raison apparente. Cela semble contraire à la loi du *karma*. On peut même songer que cette loi n'existe pas. Cependant, pour en comprendre la portée, la loi du *karma* doit être examinée et pesée à un niveau de conscience plus élevé. Et pour s'élever à ce niveau, la foi et la pratique spirituelle sont nécessaires. Le critère, ici, n'est pas l'intellect, mais l'intuition spirituelle.

La vie procède par cycles. L'univers entier est cyclique. La nature suit un schéma cyclique, comme la Terre tourne autour du Soleil selon une orbite bien réglée. Les saisons sont cycliques : le printemps, l'été, l'automne, l'hiver, à nouveau le printemps, et ainsi de suite. L'arbre vient de la graine et donne à son tour des graines qui produiront d'autres arbres. C'est un cycle. De même, il y a la naissance, l'enfance, la jeunesse, la vieillesse, la mort, et à nouveau la naissance. C'est un cycle continu. Le temps s'écoule de façon circulaire et non pas linéaire. Chaque créature vivante fait inexorablement l'expérience du *karma* et de ses fruits, jusqu'à ce que le mental se taise enfin et que l'être réside, comblé, en son propre Soi.

Les cycles se répètent sans cesse sous forme d'action et de réaction. Le temps procède par cycles. Non que les événements exacts se reproduisent régulièrement. C'est plutôt le *jivatman* (l'âme individuelle) qui revêt différentes formes en fonction de ses *vasanas* (tendances latentes). Les réactions sont le résultat d'actions passées. Et cela continue, sans fin. Au fur et à mesure que tourne la roue de la vie, les actions passées portent leurs fruits. On ne sait pas quand ou comment viendra le fruit, ni ce qu'il sera. C'est un mystère qui n'appartient qu'au Créateur. On y croit ou on n'y croit pas. Mais qu'on y croie ou non, la loi du karma continue à opérer et les fruits mûrissent. Le *karma* n'a pas de commencement, mais il s'arrête au moment où l'individu abandonne l'ego et atteint l'état de Réalisation.

L'homme évolue pour devenir Dieu. Chaque être humain est Dieu en essence. L'évolution de l'homme vers Dieu est un processus lent, qui requiert beaucoup de coupes, de polissages et de remodelages. Il exige beaucoup de travail et une patience infinie. Cela ne peut être fait à la va-vite. Les révolutions sont rapides, mais elles détruisent et elles tuent. La révolution est le propre de l'homme. L'évolution est le propre de Dieu.

La roue de la vie tourne lentement mais sûrement. L'été arrive ; il prend son temps, il ne vient jamais en se hâtant. Puis les autres saisons, l'automne, l'hiver, le printemps, ont leur propre rythme. Derrière le mystère réside la puissance invisible de Dieu. Cette puissance ne peut être analysée. Contente-toi de savoir qu'elle existe.

Essaie d'oublier le cycle du *karma*. Il est inutile de penser au passé. Le chapitre est clos. Ce qui est fait est fait. Affronte le présent. Ce qui est important, c'est le présent, parce que notre avenir dépend entièrement de la manière dont nous vivons le présent. Nous ne serons vraiment dans le présent que lorsque la présence du Divin colorera chaque instant de notre vie. D'ici là, nous habitons soit dans le passé soit dans le futur. Le présent réside dans l'instant, mais nous le manquons toujours. Quand nous vivons dans l'instant, nous sommes entièrement présents ; l'instant suivant n'a aucune importance. Le fait de vivre dans l'instant, en Dieu, en Soi, met fin à l'emprise du *karma* sur nous.

La puissance du *karma* voile notre véritable nature et en même temps, elle crée le besoin de réaliser la Vérité. Elle nous ramène à notre véritable état. Pour qui sait voir, la roue du *karma* est une grande transformatrice. Elle est porteuse d'un grand message : « Ta vie est le résultat du passé. Dès lors, fais attention ; tes pensées et tes actes présents déterminent ton avenir. Si tu fais le bien, tu seras récompensé en conséquence, mais si tu commets des erreurs ou de mauvaises actions, elles te reviendront avec une force égale. » Et pour le véritable chercheur spirituel, il y a cet autre grand message : « Mieux vaut arrêter le cycle complètement. Clos le compte et sois libre à jamais. » Toutes les explications du *karma* servent à empêcher les humains de se faire du mal à eux-mêmes et d'en faire aux autres, à leur éviter de s'écarter de leur propre nature, Dieu.

Le hasard n'existe pas. La Création n'est pas un hasard. Le soleil, la lune, l'océan, les fleurs, les montagnes et les vallées ne sont pas le fruit du hasard. Les planètes tournent autour du Soleil sans s'écarter d'un pouce de leur orbite. Les océans couvrent de vastes étendues du globe, sans pour autant avaler la terre entière. Si cette magnifique création n'était que hasard, elle ne serait pas aussi ordonnée et systématique. L'univers ne serait que chaos. Mais regarde la beauté et le charme exquis de la création, sa perfection intrinsèque. Peux-tu parler de hasard? La trame de beauté et d'ordre qui émane de la création tout entière rend évidente l'existence d'un grand cœur, d'une intelligence qui nous dépasse, origine de toute chose. Notre passé n'est pas uniquement le passé de cette vie. Il ne remonte pas à la naissance de ce corps actuel. Le passé comprend toutes nos vies précédentes, vies que nous avons traversées sous des formes et des noms divers. L'avenir non plus ne peut être connu. Il échappe à notre contrôle. Il nous est impossible de prédire ce qui arrivera demain. La véridicité du *karma*, dès lors, est essentiellement une question de foi. De même que les vagues de l'océan diffèrent par la forme et par la taille, la force de vie revêt des formes variées selon les tendances accumulées par chacun.

Quand tu auras réalisé le Soi, tu sauras tout du *karma*. Les mystères de tes incarnations précédentes te seront révélées. Tu connaîtras le secret de l'univers, de la création entière. Seule la Réalisation du Soi peut dévoiler le mystère. Quand tu auras atteint la Perfection, tu sauras que le véritable Soi est et a toujours été présent. Tu sauras qu'il n'est jamais né et ne mourra jamais, qu'il n'est jamais soumis à la loi du *karma*.

L'avenir n'offre aucune garantie, même l'instant qui vient est incertain. La mort est l'unique certitude. Cet instant est vrai, le suivant peut apporter la mort, qui sait ? Aux yeux de celui qui est reconnaissant de tout ce qui arrive, qui abandonne tout et enlace la mort avec le sourire, la mort est belle. La mort cesse d'être un ennemi à redouter, elle devient au contraire son meilleur ami. La mort n'est pas la fin ; c'est le début d'une autre vie. »

Chapitre 6

Le fruit de la grâce

Ce même jour arriva d'Amérique une lettre de mon frère Earl, disant qu'il aimerait bien venir en Inde et rencontrer Amma. Je lui avais en effet parlé d'elle lors de mon voyage aux États-Unis. Il arriva deux semaines plus tard. Je le fis entrer dans ma chambre, qui n'était guère qu'un petit coin de hutte. Mes conditions de vie le surprirent quelque peu. Il s'assit sur le lit et nous commençâmes à parler. Sur ces entrefaites, Amma entra dans la chambre et s'installa sur le lit à côté de lui. Elle l'inspecta de la tête aux pieds et, lui pinçant légèrement le bras, déclara : « Tu es un peu gros, non ? » Sans motif apparent, Earl éclata en sanglots. Je pensai qu'Amma avait dû le pincer vraiment fort, mais ce n'était pas cela. De ma vie je n'avais jamais vu mon frère pleurer. Amma se tourna vers moi avec un sourire malicieux. Pendant ce temps, Earl sanglotait comme un enfant. Ses tatouages amusaient beaucoup Amma, qui les inspecta méticuleusement. Ses bras étaient couverts de motifs bariolés : il y avait un Krishna, un Bouddha, le serpent de la Kundalini et d'autres sujets spirituels. Il avait quelque chose d'un poster de spiritualité ambulant. Et plus il pleurait, plus Amma souriait. Finalement, il retrouva un semblant de contenance, tout en demeurant incapable de dire un mot. Amma resta encore quelques minutes, puis elle se leva et partit. Earl venait manifestement de recevoir le choc de sa vie.

Telle fut sa première rencontre, explosive, avec la Mère divine. Cependant, d'autres explosions l'attendaient encore. Earl me demanda si j'avais des livres sur Krishna, si bien que j'allai lui chercher la *Bhagavatam* à la bibliothèque de l'Ashram. Il passa beaucoup de temps à lire dans ma chambre, mais chaque fois qu'il tombait sur le mot Krishna, il éclatait en sanglots. Comme si cela ne suffisait pas, il fondait aussi en larmes dès qu'il entendait la voix d'Amma. Dès qu'il s'approchait d'Amma pendant le *Krishna Bhava*, il se mettait à pleurer et à trembler de manière incontrôlable. Il venait alors à moi et s'asseyait par terre à mes côtés, se cachant derrière mon *dhoti* (longue pièce de tissu que portent les Indiens). Après quelques jours de ce manège, il décida qu'il voulait en discuter avec Amma. Je me rendis dans la hutte voisine, où se trouvait Amma, et lui demandai si je pouvais faire entrer Earl, ce à quoi elle acquiesça.

À notre entrée, Amma fit signe à Earl de venir s'asseoir à côté d'elle sur le lit. J'étais sur le point de lui expliquer qu'il avait quelques questions à éclaircir, mais avant que j'aie pu ouvrir la bouche, Earl éclata à nouveau en sanglots. Amma le serra dans ses bras, et me regarda d'un air entendu en arborant un grand sourire. Cela dura une dizaine de minutes, après quoi Amma, estimant sans doute qu'il avait assez pleuré, cessa probablement d'appuyer sur « la manette des larmes. » Il put enfin poser sa question.

« Je voulais juste dire qu'il m'est très désagréable de ne pas comprendre ce qui m'arrive. Depuis mon arrivée, on dirait que j'ai contracté une sorte de fragilité mentale. Pourrais-tu m'expliquer pourquoi je pleure ainsi tout le temps ? »

Amma eut un sourire gracieux et dit : « Au fond de nos cœurs, nous sommes tous les enfants de Dieu. Mais, au fur et à mesure que nous avançons en âge, l'enfant s'entoure d'une dure carapace formée par nos mauvaises actions. La convoitise, la colère, la jalousie, l'avarice, l'orgueil et autres tendances négatives de ce type, se combinent pour former cette carapace. Pour finir, le tendre petit enfant devient dur comme une pierre. Mais en présence de Dieu ou d'une âme ayant réalisé Dieu, la carapace se craquèle et la personne se met à pleurer comme un enfant. C'est une grande chance. Quelques moments passés à pleurer ainsi confèrent une pureté qui ne peut être atteinte en plusieurs vies de pratique spirituelle. »

Earl était heureux et soulagé d'entendre l'explication d'Amma. Mais au bout de quelques jours, son esprit sceptique reprit le dessus. Ce soir-là, juste avant le *Krishna Bhava*, il me confia : « Je crois que ces pleurs sont liés à une faiblesse intérieure. Ce soir j'ai décidé que quoi qu'il arrive, je n'éclaterai pas en sanglots. » Combien d'enfants d'Amma ont pris de semblables résolutions ? Mais face au raz-de-marée de son énergie divine, les fragiles châteaux de cartes de l'ego humain, minutieusement érigés, sont balayés.

Earl se jeta crânement dans l'arène du temple et alla vers Amma en *Krishna Bhava*. Et de fait, il ne trembla pas et ne pleura pas. J'étais entré dans le temple pour être témoin de sa victoire ou de sa défaite. Amma m'adressa un sourire comme pour me dire qu'elle était parfaitement au courant de son plan dès l'instant de sa conception. Après avoir reçu le *darshan* d'Amma, Earl vint me rejoindre et se tint à mes côtés d'un air très assuré. Voyant cela, je sortis et allai m'asseoir devant le temple avec les autres dévots. Peu après, Earl sortit à son tour. Mais dès qu'il eut franchi le seuil du temple, il se raidit soudain et d'un air tout drôle, se précipita vers l'arrière de l'Ashram. Suivit un cri d'angoisse si intense que de nombreux dévots se précipitèrent pour voir ce qui se passait. Et qui trouvèrent-ils ? Earl ! Certains des dévots vinrent me demander ce qui n'allait pas chez mon frère. Souffrait-il de quelque mal atroce ? Je me contentai de sourire et répondis que je n'en savais rien.

Après la fin du *Krishna Bhava*, j'allai me reposer un moment dans ma chambre. J'y trouvai un Earl plutôt déconfit qui essayait de lire. Je lui demandai si quelque chose n'allait pas et il me répondit : « Tu as peut-être vu ce qui s'est passé dans le temple ce soir. Je suis parvenu à me maîtriser quand je suis passé au *darshan*. Je commençais à pleurer, mais j'ai réussi à refouler mes larmes. Alors j'ai pensé que j'avais raison, que tous ces pleurs n'étaient qu'un truc émotionnel. Mais au moment où j'ai passé la porte du temple, un colossal courant d'énergie a fusé du bas de ma colonne vertébrale, et quand il a atteint le sommet de mon crâne, il a explosé comme un missile. À cet instant précis, j'ai eu la conviction qu'Amma était une incarnation de Dieu. Qui d'autre aurait pu me faire une chose pareille ? »

Quelques jours plus tard, Earl retourna aux États-Unis. Il m'avoua par la suite qu'à partir de ce moment, pas un jour ne s'était écoulé sans qu'il éclate en sanglots à la pensée d'Amma. L'année suivante, il revint à Vallickavu et demanda à Amma la grâce d'avoir un enfant, car sa femme n'avait pas conçu depuis de longues années. Amma le bénit, et de fait, peu après, sa femme se trouva enceinte et donna naissance à un petit garçon très intelligent et précoce. Les deux années suivantes, il revint à Vallickavu avec femme et enfants. Pour finir, il décida d'entreprendre des études de droit. Il avait déjà passé la quarantaine, et obtenir un diplôme à cet âge est chose ardue. Lorsqu'il en parla à Amma, elle lui dit : « Il y a de nombreux obstacles à ce que tu deviennes avocat. Mais Amma arrangera cela. » Au cours de ses études, il fut pris de doutes : passerait-il ou non ses examens ? Il écrivit alors à Amma en lui demandant sa bénédiction afin qu'il réussisse à ses examens. Lorsque je lus sa lettre à Amma, elle dit : « Earl est devenu négligent dans ses études. Dis-lui de faire plus attention et je m'occuperai de tout. » Lorsque je revis Earl, il m'avoua qu'Amma avait vu parfaitement juste, et qu'après être redevenu plus sérieux, il n'avait plus eu de problèmes en faculté. Il décrocha enfin son diplôme et devint avocat.

Rencontrer les dévots qui viennent voir Amma et les écouter raconter comment s'est développée leur foi en elle en tant que Mère divine est toujours une source d'inspiration. Il y avait un professeur d'anglais qui venait régulièrement recevoir le *darshan* d'Amma. Jeune homme, il avait manifesté un fort penchant pour la spiritualité. Il voulait même renoncer au monde pour se faire moine. Malheureusement, il était fils unique et dans une famille indienne, un fils unique a le devoir de se marier et d'avoir des enfants pour perpétuer la lignée. Le jeune homme accepta donc de se marier et choisit pour épouse une jeune fille vertueuse. Le soir de ses noces, il dit à sa femme : « Par la volonté de Dieu, je n'ai pu mener la vie de moine et je me suis donc marié. Je serais content si au moins un de mes enfants pouvait mener cette vie. Aussi, avant de dormir avec toi, je te demande d'accepter que notre premier-né soit dédié à la Mère divine et que nous le mettions sur la voie spirituelle. » La jeune femme accepta sans la moindre hésitation. À quelque temps de là, elle donna le jour à un garçon. Malheureusement, tous deux avaient oublié leur vœu. Et la vie continua. Les années passant, leur fils développa toute une série de problèmes de santé. Ils consultèrent de nombreux médecins, sans grand résultat. Finalement, ils entendirent parler d'Amma dont le village n'était qu'à une ou deux heures de route de chez eux. À cette époque, l'enfant avait déjà sept ans. L'homme décida de faire le voyage jusqu'à Amma dans l'espoir qu'elle pourrait quelque chose pour son fils. Lorsqu'il arriva, le *Devi Bhava* était déjà commencé. Il entra dans le temple et se prosterna devant Amma. Quand il releva la tête, Amma lui demanda avec un sourire : « Où est ton fils ? Pourquoi ne me l'as-tu pas amené ? As-tu oublié la promesse faite la nuit de tes noces de m'offrir ton premier-né ? » Inutile de dire que ce fut un choc et que l'homme en conçut une foi profonde en Amma, en qui il voyait la Mère divine elle-même.

Les animaux aussi ont eu leur place dans les péripéties de l'Ashram. Un soir, pendant le *Devi Bhava*, un des veaux de l'Ashram se mit à beugler à pleins poumons, comme s'il était très malade. À l'exception d'Amma qui était assise dans le temple, nous allâmes tous voir ce qui se passait. Le veau était couché, en proie à des convulsions. Comme nous ne pouvions pas faire grand-chose, nous rapportâmes les faits à Amma. Sitôt le *Dévi Bhava* terminé, elle accourut à l'étable et prit la tête du petit veau sur ses genoux. Puis elle demanda à quelqu'un d'apporter de l'eau bénite du temple, qu'elle versa ensuite dans la gueule de l'animal en faisant un geste des mains comme pour signifier « À présent, vas-t'en. » Le veau expira quelques instants plus tard. Amma se tourna vers nous et nous dit : « Ce veau était un *sannyasi* dans sa vie précédente. Mais il conçut de l'attachement pour une vache, en conséquence de quoi il se réincarna en vache. Parce qu'il avait été moine, il est né dans cet Ashram et a pu bénéficier de la compagnie de saints et de dévots. Il a été nourri par des aspirants spirituels et sanctifié par le son de la récitation du Nom divin. À présent, il a atteint une naissance supérieure. » Telles sont les voies mystérieuses du *karma*. La légère tristesse que nous éprouvions au décès subit du veau s'évanouit grâce à l'explication d'Amma. Amma nous déclara plus tard que sa propre mère aurait dû mourir ce soir-là. Tôt dans la journée, elle l'avait avertie de se préparer au pire. Mais elle avait décidé, nous dit-elle, de prolonger l'existence de sa mère en transférant sa mort sur le veau, mettant fin par la même occasion au *karma* de l'animal. Amma ajouta qu'elle en avait fait autant pour des centaines de gens, qui, au fil des ans, étaient venus la voir. Elle voyait que leur heure approchait et que leur décès plongerait les familles dans d'énormes difficultés. Alors, par compassion, elle prolongeait leur existence. Elle leur demandait d'acheter une vache, un poulet, un chien ou un chat et, le jour dit, l'animal mourait à leur place. En entendant ceci, nous en vînmes à comprendre qu'Amma ne tient pas seulement entre ses mains sa propre vie et sa mort, mais aussi celles de ses dévots.

Un soir, j'étais dehors en train de parler avec Srikumar, un des jeunes gens qui à l'époque venaient régulièrement voir Amma. Tout à coup, il s'écroula avec un grand cri. En inspectant son pied, nous trouvâmes deux marques qui signaient une morsure de serpent. Immédiatement, nous nous précipitâmes chez Amma pour lui raconter ce qui s'était passé. Elle accourut auprès de Srikumar, prit le pied dans ses mains et se mit à aspirer le venin pour le recracher. Graduellement, les souffrances de Srikumar empirèrent. Au soir, elles étaient intolérables. Amma le veillait en permanence, le réconfortant et lui disant qu'il n'y avait pas de quoi s'inquiéter. Les autres dévots pensaient cependant qu'il fallait l'emmener voir un docteur et lui faire subir un traitement antivenimeux. Amma donna son accord et ils partirent avec Srikumar. Lorsque le médecin vit la morsure et le tableau clinique, il affirma que Srikumar avait été victime d'un serpent extrêmement venimeux. Mais, chose curieuse, il n'y avait pas trace de venin dans son sang. Il rentra à l'Ashram cette nuit-là en proie à d'atroces douleurs qui ne disparurent que le lendemain.

Amma lui expliqua : « Mon fils, ton destin était d'être mordu par un serpent hier, où que tu fusses. Mais parce que cela s'est produit en présence d'Amma, rien de grave n'est survenu. Sachant que cela devait arriver, je ne t'ai pas laissé rentrer chez toi hier alors que depuis le matin, tu me demandais la permission de partir. » Sitôt rentré chez lui, Srikumar vérifia son horoscope et découvrit qu'il était bel et bien destiné à souffrir d'un empoisonnement ce jour-là. L'émotion le submergea et il versa des larmes à la pensée de la grâce et de la compassion d'Amma.

On peut se demander pourquoi Amma n'a pas tout simplement empêché que Srikumar soit mordu par un serpent, puisqu'elle savait que cela devait se produire. Amma répond que lorsqu'on s'est abandonné à Dieu ou à un Maître réalisé, notre *karma* individuel s'en trouve considérablement allégé, mais il nous faut quand même souffrir un peu. Pour illustrer cela, elle raconte l'histoire suivante :

« Un riche propriétaire terrien avait deux fils de natures diamétralement opposées. Ram avait un penchant pour tout ce qui était mauvais, tandis que son frère Hari était noble et porté vers la religion. En grandissant, Ram s'adonna aux femmes, au jeu et à la boisson, tandis que Hari se plongeait dans les activités religieuses. Il assistait à toutes les assemblées religieuses des villages avoisinants. Ram tournait en dérision la spiritualité des siens. Il éprouvait comme une infortune d'être né dans une telle famille.

Un jour, une célèbre danseuse donnait un spectacle dans un village voisin. Ram devait patronner cet événement, dont il était l'invité de marque. On l'accueillit comme le fils d'un homme riche. Au même moment avait lieu dans ce même village un sermon religieux, et Hari s'y rendit. Sur le chemin du retour, il fut surpris par une violente averse, glissa dans un fossé et se blessa grièvement. Ses amis le transportèrent jusque chez lui et l'on fit venir un docteur.

Ram, après avoir fait la fête avec la danseuse et son groupe, prit le chemin du retour et glissa au même endroit que son frère. Mais il ne tomba pas. Son pied heurta une grosse pierre. En y regardant de plus près, il s'aperçut que c'était un lingot d'or. Tout content, il rentra chez lui avec le lingot et le montra à tout le monde. En voyant dans quel état lamentable se trouvait son frère, il le provoqua en disant : « À quoi peut bien servir ta religion ? Tu vas écouter réciter les saintes Écritures, et en rentrant, tu as un terrible accident. Regarde-moi. Je me suis bien amusé et j'en ai été récompensé par un lingot d'or. Quand abandonneras-tu ton mode de vie désuet ? Si Dieu existait, il m'aurait certainement puni et Il t'aurait récompensé. Et pourtant, que voyons-nous ? »

Une discussion s'ensuivit dans l'assistance, mais sans parvenir à conclure qui, du croyant ou du rationaliste, avait raison.

Le lendemain, un *Mahatma* vint à passer par le village. Le père des deux garçons l'invita ; il lui raconta ce qui s'était passé la veille et ce qu'avait dit Ram. La question demeurait : pourquoi le jeune homme tourné vers la religion souffrait-il, tandis que le mauvais sujet était récompensé ? Le *Mahatma* répondit : « La nuit en question, Hari était destiné à mourir. Du fait de son innocence et de sa dévotion, il n'a été que blessé. Cette même nuit, Ram était supposé atteindre une position royale. Mais du fait de ses mauvaises actions, il n'a reçu qu'un lingot d'or. Si vous ne me croyez pas, vérifiez les horoscopes. » Lorsqu'on consulta les horoscopes des deux garçons, les propos du *Mahatma* s'avérèrent exacts.

Certains jours de *Bhava darshan*, un millier de personnes et plus venaient à l'Ashram voir Amma. Elle tenait audience dans sa hutte et recevait tout le monde depuis le matin jusque dans l'après-midi. Puis le soir, à nouveau, elle donnait le *darshan* à chacun, une fois pendant le *Krishna Bhava* et encore une fois pendant le *Devi Bhava*. À cette époque, le *Krishna Bhava* durait de sept heures du soir à minuit. Ensuite, Amma venait s'asseoir dehors avec les dévots pendant une demi-heure environ, avant de donner le *darshan* du *Devi Bhava*, parfois jusqu'à six ou sept heures du matin. Après cela, elle rencontrait les dévots et restait avec eux jusque vers onze heures. C'est alors qu'arrivaient, l'un après l'autre, les jeunes gens qui allaient devenir les *brahmacharis*, et Amma passait le reste de la journée avec eux. Le soir, elle était généralement invitée à célébrer la *puja* chez des dévots des villages voisins. D'habitude, la *puja* commençait vers minuit et se poursuivait jusqu'à trois-quatre heures du matin. Ensuite, Amma restait avec les dévots jusqu'au lever du soleil et rentrait à l'Ashram. Et la même routine recommençait, parfois pendant dix jours d'affilée. Aucun de nous n'était capable de soutenir le rythme d'Amma.

Nous avions besoin de dormir. Et nous trouvions qu'elle aussi avait besoin de dormir, si bien que nous avions recours à toutes sortes de stratagèmes pour l'amener à se reposer un peu. Nous avions un vieux ventilateur très bruyant qui couvrait tous les autres bruits de son vacarme infernal. Il s'avéra très efficace pour isoler Amma du monde extérieur. Car même quand elle s'allongeait, si d'aventure elle entendait une voix, elle se levait d'un bond pour voir si ce n'était pas quelqu'un qui venait pour elle. Les Écritures affirment que l'état de Réalisation est l'état où l'individualité cesse d'exister pour laisser transparaître toute la gloire de l'existence sans ego. Amma en est la vivante illustration. Il faut le voir pour le croire.

Certains jours où arrivaient à l'improviste de nombreux visiteurs, les résidents de l'Ashram donnaient leur propre nourriture. Que faisait alors Amma ? Elle prenait une grosse marmite et allait de porte en porte quémander des restes de riz pour nous nourrir. Elle avait coutume de dire: « Un *sannyasi* ne devrait éprouver aucune timidité. Et une mère ne devrait éprouver aucune honte à mendier pour ses enfants. » Par ces actions, Amma nous montre non seulement ce qu'est le véritable détachement, mais aussi ce qu'est le véritable amour. Même dans la vie de famille ordinaire, si elle est menée de façon dévouée, on peut progresser spirituellement. Une très jolie histoire illustre ce point :

C'était une époque de grande famine. Une famille de cinq personnes dut quitter sa maison pour aller chercher ailleurs les moyens de sa subsistance. Le père endura beaucoup d'épreuves et de privations afin de nourrir les siens, et bien souvent il devait jeûner. En conséquence, il mourut rapidement. C'était à présent à la mère que revenait la charge de veiller sur les enfants. À son tour, elle s'imposa d'extrêmes privations et devint si faible qu'elle ne pouvait plus marcher. Voyant son triste état, son jeune fils lui dit : « Je t'en prie, mère, repose-toi. J'irai moi-même mendier pour nous tous. » La mère était très malheureuse à l'idée que son fils fût obligé de mendier pour gagner leur pitance, mais que pouvait-elle faire ? Le fils se passait de nourriture des journées entières afin que sa famille puisse manger.

Quelques jours s'écoulèrent et l'enfant devint si faible qu'il pouvait à peine marcher. Il réussit à atteindre une maison et demanda un peu d'argent. Le maître des lieux était assis sous la véranda et lui proposa de lui donner plutôt à manger. À ce moment-là, le garçon s'évanouit. L'homme le souleva et l'installa sur ses genoux. L'enfant murmurait quelque chose. Approchant son oreille, il écouta attentivement. L'enfant disait : « Cette nourriture que vous voulez bien me donner, donnez-la d'abord à ma mère s'il vous plaît. » Et sur ces paroles, il sombra dans l'inconscience.

Ce genre d'amour filial n'existe plus de nos jours. Voyez la noble affection qui unissait ces âmes en un amour désintéressé. Lorsque la vie de famille est ainsi menée, elle purifie l'esprit de ses membres et ouvre la voie à la Libération.

Une idée fausse largement répandue, en particulier en Inde, veut que seuls les religieux puissent réaliser Dieu. Pourtant au fil des ans j'ai rencontré des dévots mariés beaucoup plus avancés que bien des *sannyasis*. À l'époque de mon séjour à Hyderabad, dans l'Andhra Pradesh, je m'étais lié avec un dévot marié de là-bas. Il avait commencé sa vie spirituelle vers les quarante-cinq ans, et lorsqu'il mourut, presque octogénaire, il avait réalisé Dieu. Certes, cela n'avait pas été facile, mais est-ce jamais facile ? Chaque matin, il se levait de bonne heure, adorait Dieu, faisait son *mantra japa* et lisait les Écritures. Il faisait de même le soir en rentrant du travail. Pendant la journée, il répétait le Nom divin sans interruption. S'il dénichait un saint dans la ville, il l'invitait chez lui, et le gardait aussi longtemps que le sage voulait bien rester, le traitant comme un roi en toutes circonstances. Il organisait de surcroît des festivals religieux dans sa maison. Certains duraient parfois toute une semaine. Il s'abandonnait aussi à la volonté de Dieu de façon exemplaire. Je l'avais un jour accompagné à l'hôpital rendre visite à un dévot souffrant. Tandis qu'il se tenait au chevet du dévot, une infirmière s'approcha, poussant une cloison mobile à armature métallique. Dieu sait pourquoi, la cloison se renversa et tomba sur lui, l'armature métallique le frappant à la tête. Il s'écroula et resta sonné un moment. Je craignais qu'il ne soit grièvement blessé, mais l'instant d'après il se releva et dit en riant : « Merci beaucoup mon Dieu, merci beaucoup. » Il avait divers problèmes de santé qui lui interdisaient pratiquement de voyager, mais se rendait sans hésiter là où le devoir l'appelait. C'était au départ un homme riche mais la cupidité de ses proches parents l'avait complètement dépouillé. Ils lui envoyaient tous leurs enfants, afin qu'ils reçoivent à ses frais éducation et nourriture. Il acceptait toute chose comme envoyée par Dieu pour son développement spirituel, et il s'y pliait inconditionnellement.

Si une personne mariée peut concentrer de façon continue son esprit sur la pensée de Dieu, par le *mantra japa*, l'étude des Écritures, la prière, le renoncement, la fréquentation de saints et de sages, l'humilité, et l'obéissance à la volonté de Dieu, elle peut sans aucun doute atteindre la Réalisation. Quel que soit notre statut dans la vie, cela requiert un effort intense. Mais ce qui se passe généralement, c'est que l'homme se laisse détourner par les nombreux objets attrayants de ce monde et reste cloué au sol. Telle est la puissance de *Maya*, l'illusion universelle du Seigneur.

Il était une fois un roi très vertueux qui n'avait pas d'enfants. À l'approche de la vieillesse, il s'intéressait davantage à la quête spirituelle qu'à la conduite des affaires de ce monde, et passait l'essentiel de son temps en *satsang, japa*, méditation et étude des Écritures. Ses ministres s'inquiétaient de l'absence d'héritier adéquat si le roi venait à mourir sans avoir désigné personne. Ils l'entreprirent donc sur ce sujet et lui exprimèrent leurs craintes.

« Ne craignez rien », leur répondit le roi, « Je choisirai un successeur digne de ce nom. » Sur ces entrefaites, il leur demanda de concevoir une grande foire avec les attractions les plus extraordinaires et les plus variées. Ces attractions seraient si impressionnantes et si alléchantes que seul l'homme le plus détaché, le plus ferme et le plus persévérant pourrait y résister. Il y avait des stands de jeux, des spectacles, des étangs artificiels avec des parcs, des pâtisseries, et autres lieux d'amusement et de plaisir. Le roi fit alors proclamer qu'il se préparait à choisir un successeur. Celui qui parviendrait à le retrouver au cœur de la foire serait désigné pour être le prochain roi.

Des milliers de gens accoururent, mais la plupart furent tellement attirés par la beauté des lieux, la musique et la nourriture exquises qu'ils en oublièrent complètement la raison initiale de leur présence et ne pensèrent plus qu'à s'amuser. Les rares candidats qui ne succombèrent pas à ces tentations se mirent à la recherche du roi. Mais au bout d'un certain temps, eux aussi estimèrent que l'effort nécessaire était trop grand et qu'il valait mieux profiter des plaisirs de la foire.

Quatre jours passèrent sans que personne découvre le roi. Le cinquième jour arriva un brillant jeune homme. Il admira la foire mais ne se laissa pas distraire. Sans oublier son but, il alla droit vers le temple situé au centre de la foire. Il y entra mais ne trouva pas le roi. Il pensait avec justesse que si le souverain se trouvait vraiment quelque part dans la foire, ce serait dans le temple. Il fit le tour du temple, mais en vain. Regardant alors de plus près, il avisa une petite porte sur un des côtés du temple et s'engagea dans un couloir qu'il suivit jusqu'à une seconde porte, qu'il poussa. Soudain une lumière éclatante jaillit de la salle la plus secrète du temple. Là, au centre de la pièce, se tenait le roi, assis sur son trône. Le jeune homme se prosterna devant lui. Le roi souriait. Enfin, il avait trouvé un digne successeur.

Le monde avec ses multiples attractions représente la foire

et Dieu est le roi. Il ne nous a pas envoyés ici-bas pour que nous nous contentions de jouir des objets extérieurs, mais pour que nous découvrions le Seigneur qui se cache parmi eux. Bien sûr, nous sommes Ses enfants et les héritiers de Son royaume, mais nous ne pourrons l'obtenir qu'en cherchant Dieu avec patience, persévérance et fermeté, sans laisser nos sens nous distraire du but. Nous pouvons goûter ce qui se présente à nous sans concevoir d'attachement et percer ainsi le voile d'illusion qui nous cache Dieu. Que l'on soit moine ou père de famille, le monde est là avec ses distractions, et il faut le dépasser si l'on veut réussir dans la vie spirituelle.

Dans le courant d'avril 1985, la construction d'un temple et d'une structure d'accueil pour recevoir les visiteurs s'imposa comme une nécessité absolue. Depuis longtemps déjà, le flux des visiteurs à l'Ashram s'était fait continu. Comme nous n'avions pas où les loger, les *brahmacharis* abandonnaient leurs huttes et dormaient à la belle étoile. La chose n'aurait posé aucun problème si elle n'avait été qu'occasionnelle, mais ce déménagement était devenu perpétuel et gênait leur pratique spirituelle. De plus, le temple des *Bhava darshans* était devenu trop petit pour contenir tous les dévots. Or Amma souhaitait que tout le monde puisse être avec elle pendant le *Devi Bhava* (à l'époque, elle avait déjà mis un terme aux *Krishna Bhavas*.) Il faudrait pour cela que le *Bhava darshan* se tienne dans une salle immense. Aussi décida-t-on de construire un édifice qui combinerait à la fois des chambres pour les dévots et un temple pour les *Bhava darshans*.

Un dévot fortuné acquit le terrain s'étendant devant l'Ashram de l'époque. Là devrait s'élever l'édifice. Amma me demanda, ainsi qu'à un autre dévot architecte, d'élaborer chacun de notre côté un plan grossier. Quelle ne fut pas notre surprise, lorsque nous nous réunîmes quelques semaines plus tard, de découvrir que nous avions exactement la même esquisse. Nous en conclûmes que c'était là le plan d'Amma, et que nous n'étions que ses instruments. Restait le problème de l'argent : où allions-nous trouver les fonds nécessaires pour une construction de cette envergure ? Il était prévu une surface totale atteignant à terme les dix mille mètres carrés. Amma nous prévint que nous ne devions rien demander à personne. Si Dieu souhaitait la construction de cet édifice, il pourvoirait à tout le nécessaire. Peu après, quatre ou cinq dévots occidentaux firent des dons afin que les travaux puissent commencer. Mais au bout de quelque temps, les fonds s'épuisèrent. Les deux petites maisons que j'avais construites à Tiruvannamalai restaient vides là-bas. Je proposai de les vendre, mais Amma n'était pas disposée à accepter. Peut-être me testait-elle pour voir si je restais attaché à mon ancien logis, mais j'avais depuis longtemps cessé de penser à Tiruvannamalai et à ma vie là-bas, puisque je m'étais voué totalement au service d'Amma. Je continuai donc à l'entreprendre pour qu'elle m'autorise à vendre les maisonnettes et elle finit par accepter. Ainsi, nous nous débrouillâmes pour poursuivre tant bien que mal la construction.

Amma estimait que tous, elle-même, résidents de l'Ashram ou visiteurs, devaient participer aux travaux. Elle disait qu'ainsi nous développerions davantage de compassion envers ceux qui ont la vie dure. De plus, ce travail de force serait bon pour notre santé et permettrait de surcroît des économies. Puisqu'il était voué à un but spirituel, ce serait un *karma yoga* (action désintéressée offerte à Dieu). Aussi Amma, et tout le monde avec elle, commença-t-elle à charrier la terre excavée des fondations. Ensuite, tout le monde transporta pierres, sable, ciment, briques, bois et autres matériaux de construction jusqu'au chantier, et participa de même à la coulée du béton. Je me demande combien d'autres sages réalisés ont ainsi passé une bonne partie de leur temps en travaux de force pour montrer l'exemple.

C'est aussi vers cette époque qu'Amma commença à voyager

énormément dans toute l'Inde, à l'invitation de ses nombreux dévots. Elle se rendit dans les principales villes indiennes, Bombay, New Delhi, Calcutta, Madras, ainsi que dans une multitude de villes plus petites et de villages du Kérala. Partout l'accueil était enthousiaste ; c'étaient souvent des dizaines de milliers de personnes qui venaient la voir. Amma donnait parfois le *darshan* pendant six ou huit heures d'affilées, jusqu'à ce que la dernière personne soit passée. En raison de ces fréquents déplacements, les dévots entreprirent d'établir des filiales de l'Ashram pour que les programmes d'Amma puissent s'y dérouler. Le reste du temps, ces ashrams seraient source de réconfort pour ceux qui ne pouvaient se rendre à Vallickavu.

Chapitre 7

À l'étranger

Un jour, je reçus une lettre de mon frère Earl, me disant qu'il était plongé dans les études et ne pourrait de ce fait venir en Inde pendant quelques années. Amma accepterait-elle d'envisager de se rendre en Amérique ? L'argent qu'il aurait dépensé pour son billet pourrait être utilisé pour acheter un billet aller-retour pour son voyage. J'allai trouver Amma et je lui lus la lettre. Elle dit : « Réponds-lui qu'Amma viendra. Tu organiseras tout cela. » À l'époque, il n'y avait que deux Américains à l'Ashram : moi-même, et une jeune femme qui était là depuis quelques mois. Après mûre réflexion, je décidai qu'après dix-huit ans en Inde, je n'étais pas apte à organiser la tournée d'Amma à l'étranger. Je demandai donc à cette jeune femme si elle était prête à essayer. Elle accepta, Amma approuva également, et quelques jours plus tard elle s'envolait pour les États-Unis. Après discussion avec Amma, il fut décidé que tant qu'à faire un demi tour du monde, elle pourrait aussi bien s'arrêter en Europe sur le chemin du retour. La jeune femme se rendit en Amérique et dans quelques pays d'Europe et contacta autant de gens qu'elle le put. Le projet de visite d'Amma ayant reçu un écho favorable, elle revint en Inde rapporter tout cela à Amma et à moi-même. Amma lui demanda alors de repartir pour s'occuper de tous les préparatifs, ce qu'elle fit.

Amma devait d'abord se rendre à Singapour, puis à San Francisco, Seattle, Santa Fe, Chicago, Madison, Washington, Boston et New York. De là, elle irait en France, en Autriche, en Allemagne et en Suisse, avant de rentrer en Inde. La tournée entière prendrait trois mois. Je demandai à Amma si les résidents de l'Ashram auraient la force de supporter son absence aussi longtemps. Elle répondit que ce serait pour eux l'occasion d'une pratique spirituelle plus intériorisée. De plus, ils pourraient ainsi développer une réelle soif de Dieu, la vie avec Amma étant comme une fête permanente au point qu'on en venait même à oublier qu'elle n'avait d'autre but que la Réalisation de Dieu.

Certains se demanderont comment il est possible d'oublier le but véritable de la vie avec Amma. Il y a environ cinq mille ans, en Inde du Nord, le Seigneur s'incarna sous la forme de Sri Krishna. Son histoire est relatée dans le texte sacré de la *Srimad Bhagavatam*. Il y est dit que le Seigneur s'incarna pour détruire les méchants et pour protéger et guider les bons. Bien qu'étant par essence au-delà de toute forme et de tout attribut, Il assuma une personnalité des plus gracieuses afin de devenir objet de dévotion pour les générations présentes et à venir. Ceci est une caractéristique de l'antique religion indienne : elle affirme que l'Être suprême s'incarne à intervalles réguliers chaque fois que décline le *dharma* (la conduite juste). Et lorsqu'Il s'incarne, Il soulève un raz-de-marée de dévotion et de spiritualité qui balaie le monde. Il met dans le cœur des hommes une irrésistible fascination pour Lui seul, si bien que, sans effort, ils sont attirés par Sa Présence divine et veulent rester avec Lui. Les Gopis, petites vachères du village de Krishna, connurent dès l'instant de Sa naissance cette formidable attraction. Quoi qu'elles fissent, elles ne pouvaient penser qu'à Krishna. Même lorsqu'elles allaient vendre leurs produits par les rues, elles criaient : « Krishna ! Kesava ! Narayana ! » (autant de noms de Krishna) au lieu de « Lait ! Beurre ! Yaourt à vendre ! » Du moment où Krishna quittait le village pour mener paître les vaches jusqu'à son retour le soir, leurs pensées s'attachaient à Lui. Elles ne méditaient pas, elles n'avaient aucune pratique spirituelle. Elles parvinrent toutefois à l'union avec Dieu. Comment est-ce possible ? La *Bhagavatam* affirme que, quelle que soit notre attitude envers Lui, on peut réaliser Dieu en pensant constamment à Lui. Nous pouvons L'aimer comme notre propre enfant ou comme notre époux, notre bien-aimé, notre ami, notre parent ; nous pouvons aussi Le détester comme notre ennemi juré ou encore Le craindre. Toutes ces attitudes intérieures peuvent mener à la Réalisation grâce au souvenir constant de Dieu car tel est le critère. Le souvenir constant de Dieu est en soi-même une méditation ; qu'est-ce donc en effet que la méditation, sinon la concentration absolue sur une seule pensée, à l'exclusion de toute autre ? Bien sûr, personne n'aime penser à Dieu par haine ou par peur, car il est douloureux d'être l'ennemi de Dieu. En fait, pour atteindre la Réalisation, il ne suffit pas de méditer plusieurs fois par jour, en oubliant Dieu le reste du temps. Le souvenir constant de Dieu est la condition préalable d'une vie spirituelle réussie. C'est pourquoi la pensée de Dieu doit imprégner chacune de nos activités quotidiennes.

Vivre avec Amma revient à vivre avec Krishna. Elle attire inexplicablement les pensées de ses dévots. On éprouve en sa présence un bonheur exceptionnel. Cependant Amma affirme que pour pérenniser ce sentiment, les pratiques spirituelles telles que le *mantra japa*, la méditation et le contrôle de soi sont nécessaires. En présence d'Amma, on peut être spontanément heureux et calme et oublier de se demander comment on serait en son absence. C'est pourquoi Amma pensait qu'une séparation de trois mois, aussi pénible soit-elle, serait bénéfique pour la croissance spirituelle de ses enfants. Ils avaient apparemment atteint un niveau de maturité suffisant pour pouvoir tirer profit de cette occasion. En vérité, de nombreux dévots d'Amma ressentent une concentration plus grande et une dévotion plus intense lorsqu'ils sont loin d'Amma qu'en sa présence physique. La séparation est effectivement un très sûr moyen de faire croître l'attente. C'est ainsi que Krishna procéda pour amener les Gopis à la Réalisation.

Un soir de pleine lune, le Seigneur Krishna joua un air de flûte. C'était pour les Gopis le signal de venir le rejoindre dans la forêt pour la célèbre *Rasa Lila*. Cette danse symbolise la félicité divine que goûte l'âme en communion avec Dieu. Abandonnant familles et foyers, les Gopis accoururent et dansèrent avec leur Bien-aimé Krishna. Après leur rencontre avec le Seigneur, elles tirèrent une certaine fierté de leur bonne fortune. À cet instant, Krishna disparut. Elles devinrent aussitôt folles de désir de le revoir, et se mirent à errer dans la forêt en une quête frénétique. Lorsque leur folie atteignit son point culminant, le Seigneur réapparut et mit fin à leur détresse. Elles lui posèrent la question suivante : « Certains aiment ceux qui les aiment. D'autres, au contraire, aiment même ceux qui ne les aiment pas. D'autres enfin n'aiment personne. S'il-Te-plaît, Ô Seigneur, explique-nous ceci clairement. » En d'autres termes, les Gopis accusaient le Seigneur d'indifférence à leur égard, alors qu'elles-mêmes débordaient d'amour envers Lui. Elles voulaient savoir pourquoi Il les traitait si durement.

Krishna répondit : « Ceux qui s'aiment par intérêt partagé, Ô mes amies, n'aiment en réalité qu'eux-mêmes et personne d'autre, car leur comportement n'est dicté que par un intérêt égoïste. La vertu et la bonne volonté n'ont rien à voir là-dedans, car la motivation d'un tel amour est purement égoïste. Ceux qui aiment réellement, même sans être payés de retour, sont pleins d'amour et de compassion, comme des parents. Là, bonne volonté et vertu irréprochables sont à l'œuvre, Ô charmantes jeunes filles. Enfin, il y a ceux qui n'aiment personne, pas même ceux qui les aiment, encore moins ceux qui ne les aiment pas. Ce sont soit des sages qui se grisent de leur propre Soi et n'ont aucune perception de la dualité, soit des gens qui, bien que conscients du monde extérieur, ont réalisé leurs ambitions et sont donc libérés de la quête du plaisir, ou encore des crétins incapables d'apprécier leur bonne fortune, des ingrats qui, tout en étant conscients des services rendus, éprouvent de l'inimitié même envers leurs bienfaiteurs. Pour ma part, Ô mes amies, je n'appartiens à aucune de ces catégories. Je ne rends pas visiblement leur amour à ceux qui m'aiment afin qu'ils pensent toujours à moi comme l'homme sans le sou pense à un trésor qu'il aurait trouvé puis perdu, obsédé par l'idée de cette richesse et insensible à tout le reste. Afin d'assurer votre dévotion constante envers moi, je suis resté invisible un certain temps, Ô mes belles, tout en continuant dans l'invisible à vous aimer et à écouter avec délices vos déclarations d'amour. Pour moi, vous avez rejeté le décorum mondain et les injonctions des Écritures, abandonnant les vôtres. C'est pourquoi, Ô bien-aimées, vous ne devez pas blâmer votre adoré. Je suis à jamais votre obligé, vous dont la relation avec Moi est absolument pure, vous qui avez concentré en Moi votre esprit, vous qui avez brisé les chaînes difficiles à rompre qui vous liaient à vos foyers. »

Srimad Bhagavatam X, 32, v.16-22

Ces paroles du Seigneur nous expliquent comment la séparation physique d'avec un Être divin nous permet de nous purifier en fixant irrévocablement notre esprit sur Dieu. Lorsque Krishna quitta Vrindavan, le village de son enfance, Il assura les Gopis qu'il reviendrait bientôt, mais en fait, Il ne revint jamais. Il les revit bien des années après à Kurukshetra, où des gens venus de l'Inde entière s'étaient assemblés pendant une éclipse de soleil. Entretemps, les Gopis, habitées par la pensée constante de Krishna, s'étaient si parfaitement abandonnées à Sa volonté que leur individualité s'était fondue en Lui. La turbulence de leur désir et de leur dévotion avait cédé la place à la paix parfaite de l'Unité. Tel est le fruit ultime de la dévotion à Dieu. Ce qui est vrai de la relation entre Krishna et les Gopis l'est également de celle entre toute Âme divine et Ses dévots. Pour toutes ces raisons, Amma estimait qu'une séparation de trois mois serait bonne pour ses enfants, eux qui avaient jusque là bénéficié de sa présence constante, certains depuis de longues, très longues années.

Il fut décidé que certains d'entre nous partiraient en éclaireurs et feraient une sorte de pré-tournée aux États-Unis afin de faire connaître Amma avant son arrivée. Je partis donc avec deux autres *brahmacharis* le 22 mars 1987, deux mois avant Amma. Nous nous arrêtâmes d'abord à Singapour, puis, après trois jours de programmes de présentation, nous reprîmes l'avion pour San Francisco. Les deux *brahmacharis* qui m'accompagnaient quittaient l'Inde pour la première fois et c'était pour eux une expérience toute nouvelle. Je devins en quelque sorte leur « guru de l'occidentalisation », alors que j'étais moi-même en état de choc culturel. Les Indiens qui viennent en Occident éprouvent un choc, comme les Occidentaux lorsqu'ils se rendent en Inde, parce qu'il leur faut un temps pour s'adapter. Bien que l'Inde et l'Occident appartiennent à la même planète, des mondes les séparent. Nous habitions tous à Oakland chez mon frère, à l'époque étudiant en Droit à Berkeley. Accompagnés de deux autres dévots, nous fîmes dans un vieux minibus Volkswagen le tour des endroits où se rendrait Amma. À chaque étape, nous donnions des causeries sur Amma et chantions des chants dévotionnels. Nous allâmes ainsi jusqu'à New York avant de retourner à San Francisco pour y accueillir Amma.

Dès notre arrivée chez mon frère, nous téléphonâmes à Singapour pour vérifier qu'Amma y était bien arrivée. Car même si c'était prévu, d'une certaine manière il nous semblait incroyable qu'elle puisse quitter l'Inde. Comment les résidents de l'Ashram survivraient-ils à son absence ? Comment s'étaient passé les adieux ? En voyant leur détresse, Amma avait peut-être annulé son voyage ? Auquel cas, il valait mieux pour nous rentrer en Inde. Telles étaient nos pensées du moment. Quel soulagement lorsque Gayatri décrocha et nous dit que tout le monde était bien arrivé ! À cet instant, Amma saisit le combiné et cria « Mes enfants ! » Nous tombâmes tous trois à la renverse en entraînant le téléphone. Les deux *brahmacharis* éclatèrent en sanglots. Au bout d'un moment, ils reprirent le combiné et demandèrent : « Amma, Tu vas bien venir n'est-ce pas ? » Amma les rassura et après leur avoir parlé longuement, leur dit au-revoir. Les *brahmacharis* étaient loin d'Amma depuis près de deux mois, ce qui avait représenté pour eux une énorme tension émotionnelle. En entendant la voix affectueuse d'Amma, la digue de leur cœur avait cédé.

Deux jours plus tard, le 18 mai 1987, Amma arriva à l'aéroport de San Francisco, où l'attendait une foule nombreuse. Elle était comme une enfant, regardant tout autour d'elle, saluant tout le monde du geste, enlaçant affectueusement tous ceux qui l'approchaient, y compris des gens qui n'étaient pas du tout là pour la voir ! Nous ramenâmes Amma chez Earl dans une camionnette de location, lui racontant pendant le trajet tout ce qui s'était passé au cours de notre pré-tournée. Amma nous rapporta aussi tous les événements de l'Ashram depuis notre départ. En arrivant à la maison, Amma alla derechef s'installer pour donner le *darshan*. Nous étions très inquiets : elle venait de passer seize heures dans un avion et était sûrement épuisée. Et voilà qu'elle allait prolonger de deux ou trois heures pour rencontrer ses enfants d'Occident. Nous eûmes beau protester, elle ne voulut rien entendre et déclara : « Ces enfants attendent depuis longtemps de me rencontrer. Qu'importe si je ne me repose qu'un peu plus tard ? Je ne suis pas venue pour mener une vie confortable. Je suis venue pour servir les gens. »

Beaucoup de gens assistaient aux *darshans* du matin et aux

programmes de soirée. Le *darshan* du matin se tenait chez Earl, tandis que les programmes du soir avaient lieu dans des églises ou des salles de San Francisco, Berkeley et Oakland. Amma passa aussi quelques jours à Santa Cruz et à Carmel. Le soir, il y avait généralement un bref discours, suivi de *bhajans* (chants dévotionnels) conduits par Amma, et enfin le *darshan* qui durait jusque vers minuit. Le tout premier *Devi Bhava* occidental se déroula dans la maison de Earl. Ce fut pour tous une expérience extraordinaire. Les dévots occidentaux ne savaient pas trop à quoi s'attendre, et nous pas davantage ! La maison d'Earl était pleine à craquer, et la foule débordait jusque dans la rue. Tout le monde était entassé dans la pièce attenante à la salle de *Devi Bhava*, et les gens se grimpaient littéralement les uns sur les autres pour voir ce qui se passait. On aurait dit une maison de fous. La rumeur avait couru qu'Amma allait entrer dans une sorte de transe, et personne ne voulait rater cela. Avant le début du *darshan*, tout le monde récitait (ou plutôt hurlait !) le Nom divin.

Enfin les portes du « temple » s'ouvrirent et un silence complet s'établit. On aurait pu entendre une mouche voler. Impossible de décrire l'expression des visages. Les gens buvaient littéralement Amma des yeux comme s'ils étaient à demi-morts de soif. Jamais ils n'avaient contemplé pareille splendeur et pareille majesté. C'était comme si la Reine de l'univers était descendue sur Terre pour accorder aux humains la grâce d'une vision éclatante. Son sari de soie brochée étincelait tandis qu'elle vibrait d'énergie divine, et les joyaux de sa couronne lançaient des éclairs lumineux comme le lever de milliers de soleils. Un par un, les gens firent la queue pour recevoir le *darshan* de la Déesse venue sur Terre, tandis que l'air résonnait de chants dévotionnels. Le *darshan* se poursuivit ainsi jusque vers trois ou quatre heures du matin.

En faisant le ménage plus tard, je découvris que de nombreux murs en placoplâtre s'étaient fissurés sous la pression de la foule.

Arrivée d'Amma à l'aéroport de San Francisco, 1987

Encore heureux que la maison ne se soit pas écroulée ! Amma avait sans conteste fait une entrée fracassante aux États-Unis !

Pendant le tour, Gayatri préparait pour nous le déjeuner et en mettait toujours une portion de côté pour le dîner, car le temps que nous rentrions du programme du soir, il était toujours trop tard pour cuisiner. Par malchance, alors que nous étions encore chez Earl, certains dévots, alléchés par les odeurs savoureuses qui s'échappaient de la cuisine, découvrirent les délices de la cuisine indienne et mangèrent notre dîner. En rentrant après minuit, quelle ne fut pas notre surprise de constater que « quelqu'un était passé par là. » Pour sauver la situation, j'allai au libre-service Safeway du coin, achetai deux pains et de la confiture, et nous fîmes la dînette. Alors que nous étions en train de manger, Amma entra et nous demanda pourquoi nous mangions du pain et non du riz. Je lui expliquai ce qui s'était passé.

« Combien ont coûté ces pains et cette confiture ? », demanda Amma.

« À peu près quatre dollars », répondis-je.

« Quatre dollars ! Mais cela fait pratiquement cinquante roupies indiennes. Sais-tu combien de personnes on peut nourrir avec cinquante roupies ? Si vous aviez acheté pour quatre dollars de riz et de légumes et aviez passé une petite demi-heure de plus à cuisiner, vous auriez eu des restes pour demain. Ce n'est pas parce que vous êtes en Amérique qu'il ne faut plus compter en roupies. »

Dans son enfance, Amma a connu l'extrême pauvreté. Sa famille la traitait comme une domestique. Elle passait souvent plusieurs jours sans manger et recevait pour s'habiller les vêtements les moins chers. Elle faisait avec ce qu'elle avait, cousant et recousant sans cesse ses hardes déchirées. Même après la création de l'Ashram, elle garda l'esprit d'économie. Elle essayait de nous inculquer que tout nous est donné par Dieu et mérite de ce fait d'être traité avec grand soin, par égard pour sa valeur. Elle n'allait pas changer ses principes maintenant, simplement parce qu'elle avait débarqué dans l'abondance de l'Occident. Elle n'en changera jamais.

Il y eut au cours de la tournée d'Amma beaucoup de conversations édifiantes. Quelqu'un demanda un jour pendant le *satsang* du matin : « Amma, les Écritures disent que je suis l'*Atman* (le Soi). Si c'est vrai, pourquoi devrais-je méditer et procéder à toutes ces purifications préalables ? Pourquoi ne pas simplement plonger dans la Réalité ? »

Amma répondit : « Mon enfant, si c'était possible, tu ne poserais pas la question. Bien sûr, tu as entendu dire que tu étais l'*Atman*, mais peux-tu dire que tu es capable de goûter le fait d'être Cela ? Peux-tu voir Cela en toute chose ? Tu ne pourras jouir des fleurs qu'après avoir semé les graines et fait pousser les plantes.

Admettons que tu n'aies jamais vu ton père. Tu ne te contenterais pas d'apprendre son nom. Tu voudrais le voir en chair et en os. Si ta mère te manque parce qu'elle est très loin de toi, tu ne seras content que lorsque tu l'auras rejointe et que tu l'auras vue. Seule l'expérience directe de l'*Atman* nous permet de goûter la béatitude, non la simple certitude intellectuelle de son existence. Nous n'avons à présent qu'une conviction intellectuelle de l'existence de la Vérité. Notre mental s'agite et bondit en tous sens, comme un singe. Avec un mental pareil, il est difficile d'atteindre l'Eternel. Le chat qui a goûté à un poisson n'aura de cesse de l'avoir entièrement dévoré. Ainsi, quand notre mental entre en contact avec le monde, il devient incontrôlable et s'agite comme le singe ou le chat affamé.

Même si nous savons que la Réalité suprême réside en nous, nous continuons à nous comporter comme si le bonheur dépendait du monde matériel. À cause de cette attirance pour les objets du monde, nous sommes incapables de progresser beaucoup vers la Réalisation. Supposons que vous placiez un encrier sur le coin droit de votre bureau et que vous l'utilisiez ainsi pendant dix jours. Même si vous le placez ensuite à gauche, le onzième jour, votre main ira automatiquement le chercher à droite. Les vieilles habitudes nous tirent en arrière et nous empêchent de progresser spirituellement.

Mes enfants, afin d'exercer l'esprit à ne plus courir d'un objet à l'autre, nous devons cultiver de nouvelles habitudes, telles que la méditation et le *mantra japa*. Par cette pratique nous gagnerons en concentration. Pour produire de l'électricité, on construit un barrage sur la rivière et on canalise l'eau. De même, la pratique spirituelle a pour effet de canaliser vers un seul point les errances du mental, ce qui le rend subtil et puissant. Si l'on n'a pas d'abord atteint cet état de concentration, la Réalisation est impossible. Même lorsque nous vaquons à nos activités quotidiennes, poursuivons notre *japa*. Un courant continu de bonnes pensées purifie le sang, le mental et l'intellect, engendrant une grande capacité de mémorisation et un état général de bonne santé. Inversement, les mauvaises pensées s'avèrent destructrices.

Dans notre état actuel, nous sommes très pâles, comme des lumières falotes dans la nuit. Mais par la *sadhana* nous pouvons devenir éclatants, spirituellement éclatants. Dessiner une ampoule électrique n'a jamais donné de la lumière. Répéter simplement « Je suis l'*Atman* » n'est pas la même chose qu'en faire l'expérience directe. L'effort est nécessaire. La fraîcheur de la brise, les rayons de la lune, l'immensité de l'espace, tout cela est imprégné de Dieu. Connaître et vivre cette Vérité est le but de l'incarnation humaine. Efforcez-vous de l'atteindre.

Amma se rendit ensuite à Seattle, puis revint dans la région de San Francisco ; elle passa quelques jours au Mont Shasta. Lorsque la montagne apparut, Amma se mit à la fixer intensément. Elle ignorait que cette montagne, coiffée d'un unique nuage en forme de calotte de champignon, était le Mont Shasta. Elle continuait à la regarder et finit par nous demander si c'était le Mont Shasta. Nous répondîmes « oui. » Elle poursuivit sa contemplation jusqu'à ce que nous arrivions sur les lieux du programme, à flanc de colline. Le paysage était magnifique, avec derrière nous le pic aux neiges éternelles, plus bas les pentes herbeuses, et tout autour une série de volcans éteints. Là où nous étions, il n'y avait pas d'électricité, mais cela ne nous dérangeait pas, nous étions trop heureux d'être en pleine nature. Une fois installée dans sa chambre, Amma demanda aux organisateurs locaux si un culte de la montagne était célébré ici régulièrement. Ils répondirent qu'à leur connaissance, les Indiens d'Amérique rendaient autrefois un culte à la montagne, mais qu'à présent elle était simplement considérée comme un endroit sacré, refuge d'êtres divins. Amma dit : « Sur la route, mon regard a été attiré par le nuage qui chapeautait la montagne. Je n'arrivais pas à en détacher les yeux. J'ai ensuite perçu dans le nuage une présence vivante qui ressemblait à Shiva, avec au front trois lignes de cendres sacrées. J'ai pensé que cette montagne était peut-être révérée depuis des temps reculés comme une forme de Dieu. »

La présence d'Amma, assise avec nous sur ces pentes herbeuses, accentuait les effets mystiques de l'atmosphère, et tous plongèrent dans un état de parfaite sérénité. Le dernier jour de cette retraite pastorale, nous voulions emmener Amma sur la montagne pour voir la neige car elle n'avait jamais vu de neige en Inde. Mais Amma insista pour donner le *darshan* jusqu'à la dernière minute, et il ne nous resta plus ensuite que le temps de rentrer à Oakland. J'ai remarqué que chaque fois que nous essayons de faire plaisir à Amma de façon profane, elle s'arrange pour contrarier nos plans et consacrer le temps ainsi libéré à des causes purement spirituelles. Mais comment pourrait-on faire plaisir à un être établi dans la Béatitude du Soi ? Les quelques joies que nous retirons des objets des sens ne sont somme toute qu'un reflet infinitésimal de la Béatitude divine. Ainsi, la lune paraît très belle dans le ciel nocturne, et l'enfant ignorant pense qu'elle brille de son propre éclat. Jusqu'au lever du soleil de la Réalisation du Soi, la lune de notre mental nous semble briller par elle-même, et toute joie paraît avoir une existence indépendante. Amma essayait donc de nous enseigner ainsi à ne pas rechercher le bonheur en dehors de notre Soi véritable. Si les sages ne montrent pas l'exemple aux ignorants, qui le fera ?

Après le Mont Shasta, nous poursuivîmes notre route vers Santa Fe et Taos. Le programme était partout le même que dans la région de San Francisco et les *Devi Bhavas* se déroulaient dans la maison de nos hôtes. Les années suivantes, le nombre grandissant des dévots rendit cela impossible et pour finir, il fallut trouver de grandes salles. La nuit de son arrivée à Santa Fé, Amma ne ferma pas l'œil une seconde. Elle nous confia au matin qu'elle avait passé la nuit à donner le *darshan* à d'étranges créatures subtiles vivant aux alentours. Lorsqu'on lui demanda à quoi ressemblaient ces créatures, elle affirma qu'elles avaient des corps d'animaux sur des jambes d'humains. Curieuse coïncidence : il y avait dans l'une des pièces de la maison des figurines qui correspondaient exactement à la description d'Amma. Lorsqu'on lui demanda ce qu'elles représentaient, notre hôte répondit qu'il s'agissait de *kachinas*, statuettes des dieux vénérés par les tribus indiennes locales. Nous comprîmes alors que de tels êtres existent réellement et sont visibles par ceux dont la vision est assez subtile. Apparemment, ils avaient perçu qui était Amma et étaient accourus en masse pour recevoir sa bénédiction.

Un jour, pendant le *satsang* du matin, une discussion intéressante eut lieu entre Amma et un chercheur sincère. Tous ceux qui ont une recherche spirituelle observent à un moment ou un autre de leur *sadhana* que leur esprit est distrait du but, la Réalisation du Soi, par des désirs sexuels. Cette personne avait donc demandé conseil à Amma sur ce point :

« Amma, que faut-il faire face au désir ? »

Amma répondit :

« Mon enfant, il existe entre mâles et femelles une attirance naturelle qui est présente dans tous les êtres. Cette attirance subtile persiste tant que l'on n'a pas réalisé la Vérité, même si l'on a renoncé à tous les plaisirs de ce monde. On peut rencontrer chez un centenaire le désir d'un adolescent de seize ans. Cette *vasana* (tendance innée) nous venant de nos vies précédentes, elle est difficile à dépasser. Notre propre corps est le fruit du désir de nos parents. Votre conception est le résultat de leur intense besoin de satisfaire leur désir. C'est pourquoi, jusqu'à la Libération, le désir constitue un obstacle.

Mais n'ayez crainte. Prenez constamment refuge aux pieds du Seigneur. Priez-Le avec sincérité, de tout votre cœur : « Où es-Tu ? Je T'en prie ne laisse pas mon esprit perdre son temps dans de telles pensées. Que cette énergie gaspillée soit mise à profit pour le bien du monde. Ô Bien-Aimé, je T'en prie, viens et sauve-moi. » Si vous priez ainsi, vous progresserez peu à peu. »

L'homme demanda : « Amma, s'il est à ce point difficile de contrôler les tendances sexuelles, quel espoir y a-t-il pour nous qui vivons dans le monde ? »

« Mon enfant, quand le désir ardent de réaliser Dieu est ancré dans un cœur, il n'y a plus place pour les désirs du monde. Lorsqu'une fille se trouve un petit ami tendre et beau, elle est incapable de penser à un autre homme. De même, si votre esprit est plein de Dieu, il ne s'attarde sur rien d'autre. Quand on a la fièvre, les sucreries ont un goût amer. De même, quand on brûle du désir de Dieu, le monde perd tout attrait.

Ne songez pas : « Comment serait-il possible d'atteindre cet état ? Je ne parviendrai jamais à la Libération. » Par la prière et la *sadhana*, nous pouvons lentement atteindre le but. Gardez toujours à l'esprit que le bonheur transitoire du sexe est entouré d'une gangue de tourment. Lorsqu'un tuyau est crevé, la pression d'eau décroît ; lorsqu'une casserole a une fuite, l'eau s'en échappe, quelle que soit la quantité de liquide qu'on y verse. De la même façon, on ne peut trouver chez ceux qui s'adonnent largement au sexe cette énergie qui est développée par la *sadhana*. L'eau portée à ébullition acquiert assez de force pour entraîner un moteur à vapeur. De même, par le contrôle de soi, le mental est purifié et devient assez fort pour réaliser Dieu.

Mon enfant, on peut, en cultivant un bon caractère et de nobles pensées, et en recherchant la compagnie des sages, supprimer les trois quarts des tendances négatives. Mais ces mauvaises tendances ne seront totalement anéanties qu'après la Réalisation. Aussi, marchez vers ce but en rejetant la peur, le découragement et les idées sombres. »

De Santa Fé, notre itinéraire passait par Madison, Chicago et Boston, où il y eut des programmes bien chargés au Cambridge Zen Center, à la Société Théosophique et à la Harvard Divinity School. Ensuite, après les journées prévues à New York, Amma donna des programmes pendant quelques jours lors d'une retraite à Rhode Island. Pendant ce séjour, Ron, un de mes cousins, vint voir Amma. C'était un homme d'affaires prospère en même temps qu'un chercheur spirituel sérieux. Il demanda conseil à Amma sur son avenir. Elle lui recommanda de continuer, comme un service envers ses employés, son travail dans le monde, tout en s'efforçant d'observer le célibat. Ron fut très heureux des paroles d'Amma, lourdes de sens pour lui.

Quelques jours plus tard, nous partîmes pour l'Europe. L'atmosphère était notoirement différente de celle de l'Amérique. Un sentiment de vieille tradition était partout perceptible. Cela représentait un changement agréable par rapport à l'Amérique moderne, mais présentait aussi quelques inconvénients. En l'absence de grands centres d'achat, nous perdions un temps fou à trouver les articles les plus simples. En outre nous devions toujours passer par des interprètes puisque nous ne parlions que l'anglais. Les dévots européens étaient également un peu plus réservés que ceux des États-Unis, alors qu'au fil des ans ils allaient devenir beaucoup plus nombreux. Deux des endroits les plus mémorables que visita Amma furent un lieu de retraite dans un village reculé d'Autriche, et un ashram des Alpes suisses. Malgré des températures extrêmement froides, parfois proches du zéro, Amma s'asseyait souvent dehors, vêtue seulement d'un sari de coton, et contemplait les collines verdoyantes, si pittoresques, en chantant à la Mère divine le chant *Srishtiyum Niye* …

> *Tu es la Création et le Créateur*
> *Tu es l'Énergie et la Vérité*
> *O Déesse … Déesse … Déesse*

> *Tu es le Créateur du Cosmos*
> *Tu es le commencement et la fin.*

> *Tu es l'Essence de l' âme individuelle*
> *Et tu es aussi les cinq éléments.*

Pendant le *Devi Bhava* en Autriche, je fus contrarié de voir dans la salle, à dix ou douze mètres à peine d'Amma, un homme et une femme couchés par terre enlacés. Tout au long de la tournée, il y avait eu des choses de ce genre. Il n'était pas rare de voir des gens s'embrasser, s'enlacer ou se masser mutuellement. Leur façon de s'habiller était souvent impudique, et ils parlaient et riaient haut et fort en présence d'Amma. Tout ceci créait une atmosphère irrévérencieuse et un certain laisser-aller. Cela me contrariait beaucoup car j'étais habitué aux manières orientales, imprégnées de culture spirituelle. Là-bas, la plupart des gens savent se tenir dans les temples et en présence de *Mahatmas*. Cependant, Amma m'interdit de faire à quiconque la moindre remarque. Elle était, après tout, nouvelle venue parmi eux. Et ce n'était pas leur faute non plus, car comment reprocher à des gens de ne pas avoir le comportement adéquat dans des situations qu'ils n'ont jamais connues ?

Tout de même, en voyant ce couple étendu par terre, je demandai à un dévot d'aller leur dire de se lever et de montrer plus de respect pour la présence sacrée d'Amma. Le dévot alla trouver le couple, s'assit auprès d'eux et commença par leur poser une question : « Si la Reine d'Angleterre était là sur l'estrade, seriez-vous tous deux vautrés par terre comme cela ? » Visiblement surpris, le couple répondit : « Bien sûr que non. » «Alors pourquoi le faites-vous devant la Mère Divine ? Elle est la Reine de l'univers.» Inutile de préciser que le couple se redressa immédiatement.

Amma passa une dizaine de jours dans les Alpes suisses, dans le cadre magnifique d'un ashram entouré de pics enneigés, avec vue en contrebas sur des lacs d'émeraude nichés au creux des vallées. Une foule nombreuse accourut de toute l'Europe durant cette retraite, et ce fut pour tous une occasion mémorable. Au cours d'un *darshan* du matin, quelqu'un demanda à Amma : «Amma, comment puis-je être utile au monde ? Est-ce que le fait de mener ma propre *sadhana* peut d'une quelconque manière bénéficier au monde ? »

Amma répondit :

« Toute *sadhana* est bénéfique pour le monde entier. Les vibrations générées par la méditation ou la répétition du mantra purifieront à la fois votre esprit et l'atmosphère environnante. Sans le savoir, vous répandrez autour de vous la paix et la quiétude. Si le bien du monde vous tient à cœur, pratiquez votre *sadhana* avec sincérité. Devenez le phare qui guide les bateaux. Manifestez la lumière de Dieu dans le monde.

Certains viennent trouver Amma en lui disant : « Vois, il y

a eu tel ou tel scandale d'état, il y a eu telle ou telle catastrophe financière. » Mes enfants, rien n'est éternel en ce monde. Si vous vous attachez aux objets extérieurs, vous ne récolterez que la souffrance. C'est la souffrance qui nous mène à Dieu. La Conscience cosmique que nous appelons « Dieu » est présente dans toute la création. Mais une compréhension intellectuelle de cette vérité ne nous apportera pas la paix de l'esprit. Il faut en faire l'expérience et se fondre dans la pure Conscience.

Il n'y a pas de raccourci vers Dieu. Il faut pratiquer sa *sadhana* avec régularité et dévotion. C'est par notre propre effort que nous pourrons percevoir la Grâce que Dieu répand en permanence sur nous. Aussi, dès que vous avez un moment libre, employez-le à chercher Dieu. Si vous créez la paix dans votre cœur par la *sadhana*, cela aura un effet bénéfique sur votre famille, votre travail, etc. … Cette paix et cet amour de Dieu jailliront de votre cœur et inciteront d'autres personnes à cheminer sur la bonne voie.

Inutile de prêcher. Vivez selon la règle de Vérité, et beaucoup de gens en bénéficieront. Par la *sadhana*, vous cultiverez les vertus éternelles de votre être. Notre pratique devrait nous permettre de développer entre autres qualités la patience, la tolérance, l'ouverture d'esprit, la compassion. Sinon, elle est inutile. Si nous restons assis une heure en méditation pour nous mettre en colère cinq minutes après, nous perdons tout le bénéfice acquis. Seul celui qui vit selon la Vérité peut être un bienfaiteur pour les autres, pas celui qui ne fait que prêcher.

Amma ne parle pas beaucoup, car la plupart d'entre vous lisent de nombreux livres et entendent de nombreux discours sur la spiritualité. Il vous reste à présent à gagner en expérience. Que la Vérité devienne votre propre Vérité. Voilà ce qui est nécessaire. »

De Suisse, nous nous envolâmes pour les Maldives. Nous pensions qu'après la fatigue de trois mois de tournée, Amma avait besoin d'une journée de repos avant de retrouver la vie trépidante de l'Inde. Nous avions entendu dire que les Maldives étaient un endroit paradisiaque, et c'était vrai. Mais avant d'atteindre le paradis, il fallait d'abord passer par l'enfer, car l'immigration et les douaniers insistèrent pour fouiller chacune de nos valises, ce qui représenta deux ou trois heures de tracasseries et de chipoteries à l'aéroport. Quel choc après les formalités sans souci des pays occidentaux ! Nous avions le sentiment de passer d'un réfrigérateur à un four. Après avoir enfin quitté l'aéroport, nous prîmes un ferry pour une petite île à une heure de distance de l'île principale. C'était une île d'à peine quatre kilomètres carrés avec quelques constructions. Le tout évoquait un décor de film d'aventures dans les mers du Sud. En dehors du personnel de l'hôtel, il n'y avait que nous sur l'île. C'était un petit paradis, avec son sable blanc, ses lagons limpides et les poissons brillamment colorés de rouge, bleu, vert et jaune qui nageaient partout. Ce soir-là, Amma s'installa avec nous sous le ciel étoilé illuminé par la pleine lune, et nous chantâmes des chants nouveaux composés durant la tournée. C'était vraiment le paradis sur Terre.

Le lendemain matin, lorsque nous reprîmes le bateau pour l'île principale, la mer devint rapidement mauvaise, et nombre d'entre nous, je crois, commencèrent à penser que nous allions bientôt sombrer dans les profondeurs abyssales. Nous finîmes par rallier l'île, où nous eûmes la « joie » de découvrir que les douaniers désiraient ouvrir à nouveau toutes nos valises avant de nous dire au-revoir. Nous fûmes passablement soulagés de quitter cet infernal paradis et très heureux d'arriver en Inde une heure et demie plus tard. Il y avait foule pour accueillir Amma à Trivandrum. On l'emmena dans un auditorium de la ville pour lui offrir une réception officielle. Elle fit ensuite les trois heures de route pour rentrer à Vallickavu dans le bus de l'Ashram, avec tous les résidents qui depuis si longtemps brûlaient de la revoir. Même les villageois locaux, généralement mal disposés envers elle depuis les premiers temps de sa *sadhana*, étaient heureux de la revoir et l'accueillirent en grande pompe. Sans se laisser arrêter par l'excitation du moment, Amma fit immédiatement la tournée de l'Ashram, observant tous les changements survenus et nettoyant elle-même les endroits en désordre. Tout le monde était fou de joie de la revoir. C'était une vraie résurrection !

Plus tard cette année-là, Amma accepta l'invitation de ses dévots de La Réunion et de Maurice, deux petites îles au large de la côte orientale de l'Afrique. Le 17 décembre 1987, elle s'embarqua pour cette destination avec un groupe de *brahmacharis*. À La Réunion, un disciple d'Amma du nom de Prematma Chaitanya (à présent Swami Premananda Puri), avait construit pour elle un très joli petit ashram. Une foule nombreuse l'y accueillit, beaucoup pleurant de joie à sa vue. Plus d'un millier de personnes de toutes religions assistèrent à chacun des programmes, qui eurent lieu dans divers endroits de l'île. Ce furent des moments de merveilleuse harmonie religieuse. C'était sans doute la première fois dans l'histoire de la mosquée de La Réunion qu'un maître spirituel non musulman y était invité et accueilli par le maître Soufi des lieux. Ce Soufi avait eu une expérience mystique un jour qu'il visitait l'ashram d'Amma à La Réunion. Alors qu'il se tenait devant la très belle photo d'Amma de la salle de méditation, il eut la vision d'Amma sortant de la photo et se présentant en chair et en os devant lui. Il s'était immédiatement prosterné. En quittant la salle, il avait dit à Prematma : « Aujourd'hui, j'ai vu une vraie Mère. » Plus tard, il s'adressa à sa congrégation à la mosquée en ces termes : « Il est extrêmement rare de rencontrer une Âme Réalisée. Et même dans ce cas, il est encore plus difficile de la reconnaître, car de tels êtres ne se dévoilent pas aisément. Une sainte de la stature du prophète Mahomet doit bientôt venir sur notre île. Si vous êtes tous d'accord, nous pourrions aller l'accueillir à l'aéroport et l'inviter à visiter la mosquée. »

Tout le monde accepta de grand cœur, et la réception eut lieu. Amma donna le *darshan* à tout le monde, beaucoup éclatant en sanglots. Tous étaient désolés de la voir repartir, car les distinctions superficielles de caste et de religion avaient été balayées par son pur amour. De La Réunion, Amma se rendit ensuite à Maurice, où elle fut invitée à rendre visite au Gouverneur Général à sa résidence. Elle répondit à ses nombreuses questions concernant la spiritualité et les oeuvres sociales. Au cours de son séjour de trois jours sur l'île, elle fut reçue dans de nombreux temples et ashrams locaux et rentra finalement en Inde la première semaine de janvier.

Des années auparavant, quand Amma avait commencé les *Krishna Bhavas* et que les dévots étaient encore peu nombreux, elle avait confié à son père un soir de *Bhava darshan* qu'elle serait amenée à voyager plusieurs fois autour du monde et que des gens de tous pays viendraient la voir à Vallickavu. Evidemment, il ne pouvait en croire un mot. Jusque là, Amma avait été une sorte de servante. Elle ne possédait rien et n'avait aucun avenir. Qui aurait pu imaginer qu'une villageoise inconnue apporterait réconfort et consolation à des milliers de gens de tous milieux ? Ce premier tour du monde prouva la véracité de ses paroles. Jaillissant de l'intuition plus que du raisonnement, la connaissance du futur dont Amma fait preuve est infaillible. Il ne faut pas se laisser prendre à son apparence modeste. Les sages véritables n'ont pas besoin d'étaler leur omniscience. On les comprend quand ils veulent bien être compris.

Chapitre 8

La lila de l'ordinateur

Peu après le tour du monde, mon cousin vint passer quinze jours à l'Ashram. Passer d'une vie de confort à l'atmosphère spartiate de l'Ashram représentait pour lui un grand pas à franchir. Mais il en fut plus que récompensé par la paix intérieure qu'il ressentit. Un jour, je lui fis visiter la bibliothèque de l'Ashram et lui demandai s'il lui serait possible de dresser une liste alphabétique de tous les ouvrages.

« Ce serait tâche très facile pour un ordinateur. Vous n'en avez pas ? » Je trouvai la question de Ron très drôle. Autant demander à un mendiant s'il avait une Rolls. Qu'aurions-nous fait d'un ordinateur ? Et où aurions-nous trouvé l'argent pour l'acheter ? Je lui répondis que non seulement nous n'en avions pas, mais qu'en plus je serais bien en peine d'imaginer ce que nous en ferions si nous en avions un.

« Eh bien, vous pourriez indexer votre liste d'ouvrages par titre, nom d'auteur ou sujet, vous pourriez faire de la comptabilité, vous pourriez même l'utiliser pour publier vos livres en anglais », rétorqua Ron. Puis il offrit d'acheter un ordinateur pour l'Ashram et me pria de demander l'accord d'Amma. J'allai trouver Amma et lui rapportai notre conversation.

« Qu'est-ce qu'un ordinateur ? », me demanda-t-elle, « Et qu'est-ce que cela peut faire ? » Je lui répétai ce que Ron m'avait dit.

« Si cela lui fait plaisir de nous offrir un ordinateur, bien sûr laisse-le faire, mais l'argent pourrait être mieux employé aux travaux de construction. », répondit Amma. Je rapportai à Ron la première partie de la phrase, en omettant ce qui concernait les travaux de construction, pour ne pas refroidir son enthousiasme à l'idée d'offrir un ordinateur à l'Ashram. En outre, à la réflexion, l'idée d'avoir un ordinateur à l'Ashram avait commencé à me plaire. Pourtant, quand mon propre enthousiasme me conduisit à tronquer la réponse d'Amma, j'étais loin d'imaginer que l'achat de cet ordinateur marquerait le début d'une période très douloureuse dans ma vie. Jusque là, j'avais toujours scrupuleusement évité la technologie, considérant qu'elle me distrairait de ma vie spirituelle. Et même à ce moment-là, je n'avais nullement l'intention d'apprendre moi-même à me servir d'un ordinateur. Quand j'allai à nouveau trouver Amma pour lui demander quand nous pourrions nous rendre dans une grande ville pour acheter l'ordinateur, elle ne parut pas enchantée et nous dit d'y aller quand bon nous semblerait. C'était sa façon de dire : « Vous n'en ferez qu'à votre tête de toute manière, alors pourquoi me poser la question ? » Agir ainsi vis-à-vis d'Amma, c'est se mettre dans une situation très dangereuse car, ainsi que je l'ai déjà mentionné, elle fonctionne au niveau de l'intuition, non du raisonnement. Si l'on suit implicitement ses instructions, nos souffrances seront très atténuées. Mais si l'on fait consciemment ce que l'on veut, allant à l'encontre de ses désirs, alors il faut s'attendre à des calamités sans fin. Lorsqu'on choisit de suivre la voie dévotionnelle, il faut obéir et s'en remettre à la volonté du guru. Nous oublions pourtant souvent cette volonté ou bien encore nous passons outre, du fait de notre tendance à faire ce qui nous plaît. En vertu de cette tendance très forte chez moi, j'allais recevoir une leçon amère mais fort profitable.

Le lendemain, avec Ron et deux autres *brahmacharis*, nous

nous rendîmes dans la grande ville de Cochin, en quête d'un ordinateur. Nous finîmes par en trouver un qui nous plaisait, et dûmes passer commande, car il n'y avait en stock que le modèle de démonstration. On nous dit qu'il ne serait livré que dans trois semaines mais qu'en attendant, ils nous prêteraient leur propre ordinateur. Et nous voilà donc à l'Ashram avec notre nouvelle machine. Restait la question de savoir qui allait apprendre à s'en servir. Parce qu'elle comportait un bureau, on installa l'ordinateur dans ma chambre. Puis quelqu'un alla demander à Amma qui devait apprendre. Elle suggéra deux *brahmacharis* qui avaient quelque expérience de l'informatique avant de venir résider à l'Ashram. Mais ils avaient très peu de temps disponible pour cette tâche et n'y consacraient qu'une ou deux heures le soir. À l'occasion, ils me consultaient quand ils rencontraient une difficulté car, pensaient-ils, trois cerveaux valent mieux que deux. À ce stade, une idée insidieuse s'insinua dans mon esprit. « Pourquoi ne pas essayer d'apprendre un peu ? De toute façon, il est là dans ma chambre. Si j'arrive à apprendre un peu, je pourrai aussi les aider. » Ainsi allaient mes pensées.

Une petite histoire raconte comment la simple proximité d'un objet parvint à anéantir la *sadhana* d'un yogi. Il était une fois un sage qui pratiquait ses austérités avec tant d'ardeur qu'Indra, le dieu des dieux, craignit qu'il lui ravisse un jour son trône dans les cieux. Il se dit : « Je dois trouver le moyen de faire échouer la pratique de ce saint et l'empêcher d'accéder au royaume céleste. »

Indra eut bientôt une idée. Se déguisant en chasseur, il descendit sur Terre armé d'un arc et de flèches et se présenta à l'ashram du sage. Après s'être incliné très bas devant lui, il lui dit : « O *sadhu*, je suis un chasseur, et je dois à présent faire un long voyage à pied. Je vous serais extrêmement reconnaissant si vous pouviez me garder cet arc si lourd et ces flèches jusqu'à mon retour, car c'est pour moi un fardeau inutile. »

« Un arc et des flèches ? », s'exclama le saint homme. « Je suis navré, Monsieur, mais leur simple vue serait pour moi une grande souffrance, puisqu'ils sont utilisés pour tuer des animaux. » « Swami, je les mettrais à l'arrière de votre demeure et vous ne les verriez jamais. Ainsi vous ne seriez pas incommodé et je serais soulagé d'un grand poids. Ne pouvez-vous pas m'aider ? » Compatissant comme le sont tous les *sadhus*, le saint accepta la requête du chasseur et l'arc et les flèches furent entreposés derrière sa hutte. Le chasseur prit alors congé.

Mais il se trouve que le *rishi* avait coutume de faire le tour de sa maison après sa méditation ; il voyait donc chaque jour l'arc et les flèches. Il finit par se dire : « Voyons simplement comment fonctionnent ces engins. Assurément, cela ne peut pas faire de mal. » Il ramassa l'arc, y plaça une flèche, et fut surpris de voir comme la flèche filait loin et vite. Par la suite, il ne put résister à la tentation de s'exercer, un peu plus chaque jour. Finalement, il y prit tant de plaisir qu'il devint lui-même chasseur. Ainsi, l'objet qu'il ne voulait même pas voir au départ devint une source de grand plaisir, et bien sûr un obstacle sérieux à sa progression spirituelle.

N'ayant ni maître ni manuel, je commençai mon apprentissage à zéro, en procédant par tâtonnements. Quiconque a déjà utilisé un ordinateur sait bien que lorsque quelque chose cloche, ce peut être pour un million de raisons, et beaucoup de choses clochaient. Constatant mon intérêt pour cet apprentissage, les deux autres *brahmacharis* cessèrent de venir. Quand je leur demandai pourquoi ils ne venaient plus, ils me répondirent qu'ils n'avaient pas le temps. Quoi qu'il en soit, un problème se posait désormais : beaucoup d'argent avait été investi dans cet ordinateur, j'avais été l'un des instigateurs de cet achat, et à présent plus personne ne voulait apprendre à s'en servir. Qui allait-on blâmer pour cette acquisition inutile ? J'imaginais Amma me disant : « Ne t'avais-je pas prévenu ? Mais tu apprends toujours de la manière forte. » Je commençai donc à m'affoler et décidai que, coûte que coûte, une personne au moins à l'Ashram parviendrait à maîtriser cet ordinateur. Pour finir, ce fut moi. Mais c'était plus facile à dire qu'à faire. Je passai de nombreuses, très nombreuses nuits blanches à me battre avec cet engin diabolique. Cette épreuve était si exaspérante que je me retrouvais bien des fois au bord des larmes. Mais à force de persévérance et d'intenses prières, je finis par acquérir une modeste compétence. Après quoi, mon rendement augmenta considérablement.

Jusque là, je me consacrais à dupliquer les cassettes de *bhajans* de l'Ashram. Tous les magnétophones étaient empilés les uns sur les autres dans ma chambre et fonctionnaient jour et nuit, interminablement, car la demande était toujours plus forte que la production. À l'origine, l'Ashram ne vendait pas de photos d'Amma, ni d'enregistrements de ses chants. Quand un dévot s'offrait à faire des copies de photos ou de cassettes, nous acceptions, et ces articles étaient ensuite distribués gratuitement à quiconque en faisait la demande. Mais quand les demandes devinrent trop nombreuses et trop fréquentes, nous n'eûmes plus d'autre choix que de vendre cassettes et photos à un prix modique, pour pouvoir continuer à fournir les dévots. Au fil des ans, le flot de visiteurs grossissant sans cesse, la demande de cassettes augmenta elle aussi. Comme je ne pouvais pas faire de travail de force à cause de mes problèmes de dos, on m'assigna la tâche de faire les copies de cassettes. J'étais de service vingt-quatre heures sur vingt-quatre. La nuit, j'insérais les cassettes, lançais les machines, puis m'allongeais et m'assoupissais jusqu'à ce que j'entende le clic de fin des magnétophones. Je me relevais alors, tournais les cassettes et me rendormais une demi-heure jusqu'au clic suivant. Cela dura un certain nombre d'années.

Mon autre travail consistait à pomper l'eau vers le réservoir supérieur. Les conduites municipales ne distribuaient l'eau que pendant la nuit. Mais la pression était tellement faible que nous avions construit un réservoir souterrain afin de collecter le maximum d'eau par simple gravité. En général, la pression était si basse qu'elle propulsait l'eau à peine trente centimètres au-dessus du niveau du sol. C'est pourquoi il fallait régulièrement que je pompe l'eau vers le réservoir supérieur, afin que le réservoir souterrain puisse à nouveau se remplir. Outre le travail de reproduction des cassettes, je consacrais une heure sur trois à ce travail nocturne. Et voilà que le travail d'ordinateur me tombait également sur les épaules.

Bien que l'entreprise eût promis de nous livrer l'ordinateur dans les trois semaines, les jours et les semaines s'écoulaient sans que nous recevions rien. Finalement, au bout de six mois, les pièces commencèrent lentement à arriver, une par une. Enfin, l'ordinateur au complet fut là. Mais ce n'était pas la fin de nos problèmes. Les pièces étaient arrivées à la petite semaine et voilà qu'elles se mirent à tomber en panne au même rythme, jusqu'à ce que toutes aient dû être remplacées. Quand l'ordinateur fut à nouveau en état de marche, le cycle recommença : l'ordinateur se détraqua pièce par pièce. L'entreprise m'affirma qu'ils n'avaient jamais vu cela. Ils avaient, dirent-ils, d'excellents résultats de performance et ne comprenaient pas ce qui pouvait bien se passer à l'Ashram pour que cette machine soit un tel casse-tête, aussi bien pour nous que pour eux. J'hésitais à leur révéler ce que je savais être la vérité, à savoir que la bénédiction d'Amma n'était pas sur cet ordinateur. J'ai même parfois pensé qu'elle avait peut-être maudit toute la démarche.

Un jour qu'un des techniciens de maintenance était venu pour une réparation, il exprima le désir de recevoir le *darshan* d'Amma. Après s'être prosterné devant elle, il se releva et Amma lui dit : « Nealu a le sentiment que j'ai jeté une malédiction sur cet ordinateur. Mais je ne jette jamais de malédiction sur rien ni sur personne. Pourquoi le ferais-je ? Les choses et gens y parviennent très bien tout seuls. » Après cela, nos problèmes d'ordinateur se firent moins aigus, sans jamais disparaître complètement.

Lorsque notre ordinateur fonctionna à peu près, il fut tellement utilisé que le besoin d'une seconde machine se fit bientôt sentir. J'allai trouver Amma avec quelque hésitation, en expliquant que l'idée ne venait pas de moi, mais qu'un seul ordinateur ne pouvait plus suffire à tout le travail de l'Ashram. Elle m'autorisa à aller à Cochin pour acheter une seconde machine. Le lendemain matin, lorsque je me rendis à sa chambre pour lui dire que je partais, elle me demanda : « Où vas-tu ? » Je lui rappelai qu'elle avait donné son accord pour que j'aille à Cochin acheter un autre ordinateur, mais elle prétendit n'en avoir aucun souvenir. Au cours des six mois suivants, ce scénario se répéta quatre fois, au point que je décidai de ne plus soulever la question. Après tout, j'étais venu à l'Ashram pour réaliser Dieu, pas pour passer mon temps à me préoccuper de cette machine à problèmes. Je pris la ferme résolution de ne plus rien avoir à faire avec l'ordinateur, résolution reprise et abandonnée un millier de fois par la suite ! Peu à peu, il m'apparut clairement que Amma avait décidé de faire de moi le premier homme dans l'histoire à réaliser Dieu devant un écran d'ordinateur ! Dans les temps anciens, les aspirants spirituels restaient assis dans des grottes à méditer jusqu'à ce que leur ego devienne si ténu qu'il laisse transparaître la Lumière de Dieu. Peut-être que de nos jours les moines atteindront la même pureté d'esprit en bataillant avec un clavier.

Le guru nous offre de nombreuses occasions d'améliorer notre degré d'obéissance et d'abandon de nous-mêmes. Amma m'en présenta une peu après cet épisode. Un matin, je découvris un petit furoncle sur l'un de mes doigts. Je le grattai un peu, et il s'infecta. La lésion grandit au point que je me retrouvai avec la moitié du doigt enflammé et suppurant. J'essayai de le traiter par diverses pommades et préparations antibiotiques, mais sans succès. Enfin, après dix jours de souffrances, je décidai que, puisque la science médicale ne m'était d'aucun secours, il faudrait peut-être montrer la blessure à Amma. En même temps, j'hésitais un peu à poser à Amma une question si terre-à-terre, aussi j'eus une idée. Enroulant un linge autour de mon doigt, je me fis un pansement de la taille d'une balle de tennis, me rendis à la chambre d'Amma et m'assis après m'être prosterné devant elle. Naturellement, elle remarqua ma main, et me demanda, comme je l'avais espéré, quel était le problème. Je défis mon bandage avec beaucoup de cérémonie. Elle jeta un œil à la blessure et me dit : « Oh, pourquoi ne mets-tu pas un peu de poudre de curcuma là-dessus ? » « Du curcuma ? », pensai-je, « Qu'est-ce que la poudre de curcuma pourrait bien faire de plus que les bombes nucléaires de la médecine moderne ? » Mais l'instant d'après je me souvins qu'il ne faut jamais prendre à la légère les paroles d'Amma. Je quittai la chambre et me rendis directement à la cuisine de l'Ashram. Après avoir fouillé un moment, je finis par tomber sur un sachet plastique contenant de la poudre de curcuma qui avait manifestement été employée pour la cuisine. Ma première pensée fut : « Les gens ont probablement fourré leurs mains sales là-dedans, ce n'est pas assez propre pour une plaie. » Mais ensuite je me rendis compte que la volonté d'Amma s'accomplit indépendamment de la propreté. En appliquant un peu de poudre de curcuma sur ma blessure, je ressentis une sédation immédiate de la sensation de brûlure, et en moins d'une semaine, j'étais guéri. Voyant cela, je pensais avoir découvert un nouveau remède miracle. Comme j'aidais aussi au dispensaire médical en faisant les pansements, j'appliquai de la poudre de curcuma sur la première blessure que je vis et la couvris d'un pansement. Quelle ne fut pas ma surprise quand le patient revint deux jours plus tard avec une splendide infection, encore plus vilaine qu'avant ! Apparemment, ce n'était pas le curcuma qui m'avait guéri, mais la volonté toute-puissante d'Amma.

Chapitre 9

Brahmasthanam, demeure de l'Absolu

P eu après son retour de l'étranger, Amma décida de construire et de consacrer un temple unique en son genre, dans un village du nom de Kodungalur, à quatre heures de route au nord de l'Ashram. Ce temple porte le nom de *Brahmasthanam* (la demeure de l'Absolu) et possède quatre portes orientées vers les quatre points cardinaux. L'effigie installée dans le sanctuaire est composite : sculptée dans un même bloc, elle présente une divinité différente sur chacune de ses quatre faces. Ces divinités sont Shiva, Devi, Ganesha (Celui qui lève les obstacles) et Rahu, qui, sous la forme d'un serpent, représente l'une des « planètes » qui influencent la destinée humaine. (Dans l'astrologie occidentale, Rahu correspond au nœud septentrional de la Lune). Le *Brahmasthanam* tel qu'Amma l'a conçu sert de refuge indéfectible pour les multitudes prises dans le tourbillon d'influences planétaires maléfiques. L'idée lui en est venue alors qu'elle étudiait la cause des souffrances de ces millions de personnes qui viennent chercher auprès d'elle un soulagement à leurs maux aussi nombreux qu'inexplicables. Amma estime que les positions et les mouvements des planètes et d'autres corps célestes ont une influence directe ou indirecte sur la vie humaine. Les influences maléfiques sont généralement créées par la position et les mouvements de Saturne, de Mars, et de la sombre Rahu. Elle décida qu'il devait y avoir moyen de contrecarrer leurs mauvaises influences. C'est pourquoi elle institua dans ce temple une *puja* destinée à neutraliser les effets pervers de ces planètes et de leurs transits.

Le fait de participer à cette *puja* dans le temple *Brahmasthanam* garantit aux personnes plongées dans le chagrin des résultats positifs rapides. Accompli avec sincérité, dans l'état d'esprit adéquat, tout acte d'adoration porte ses fruits. Les *pujas* célébrées dans les temples *Brahmasthanam* d'Amma, depuis leur instauration à Kodungalur, sont connues pour avoir purifié l'atmosphère. Un deuxième temple fut établi à l'Ashram d'Amma de Madras, et, en mai 1990, le rituel de sept jours, avec plus d'un millier de participants, culmina avec l'arrivée de la pluie, pluie très nécessaire pour soulager la sécheresse que connaissait la région. Pour la purification de l'esprit et l'épanouissement des qualités spirituelles dans nos vies, il ne suffit pas simplement d'aller à l'église ou au temple, de faire allégeance et de rentrer chez soi. Il est indispensable d'avoir une forme ou une autre de pratique spirituelle et d'installer le Seigneur en son cœur par une dévotion assise sur les principes spirituels. C'est pour aiguiller les gens vers ce but qu'Amma a créé les temples *Brahmasthanam* et leur rituel particulier.

Dans les temps anciens, c'est aux grands Maîtres qu'il appartenait de consacrer les idoles des temples. Amma dit : « L'installation des idoles sacrées ne doit pas être accomplie par ceux qui ne peuvent maîtriser leur force vitale. Elle doit être faite par ceux qui sont capables d'insuffler du *prana shakti* (force vitale) à l'effigie, de façon à instiller en elle une présence vivante (*chaitanya*). C'est uniquement à cette condition que la *chaitanya* de l'effigie grandira et s'affirmera au fur et à mesure que seront célébrées les *pujas*. »

Si l'on se penchait sur l'histoire des temples antiques, on découvrirait que les affirmations d'Amma sont parfaitement véridiques. Les célèbres temples de Tirupati Venkateswara et de Guruvayur Krishna sont des exemples de temples consacrés par des sages d'autrefois. Ils attirent chaque année des millions de dévots. Les idoles qu'ils y ont installé, bien qu'apparemment de pierre, reflètent en réalité la splendeur du Divin. Elles sont pleines d'énergie divine et peuvent accorder les bienfaits que réclament les dévots. Les effigies ainsi chargées d'énergie divine abondent en Inde.

Certains pourraient se demander à quoi servent les temples et les représentations des divinités si le but consiste à faire l'expérience de l'Absolu non duel. Amma dit à ce sujet : « Ceux qui ont atteint l'état de Réalisation non duelle peuvent déclarer que nul ne naît ni ne meurt, car ils n'ont aucune conscience du corps. En vérité, *eux* ne naissent pas et ne meurent pas. Mais tout le monde a-t-il atteint cet état ? La majorité n'a-t-elle pas conscience du corps ? La plupart des gens, absorbés dans la vie matérielle, sont faibles d'esprit. Ils n'ont pas conscience de leur perfection innée. C'est pourquoi les activités de ce monde les affectent et les font souffrir. Si vous conseillez ces gens dans l'esprit de l'*advaïta* (non-dualité), il leur sera difficile d'y adhérer brusquement dans leur vie quotidienne et de progresser. Vous pouvez toujours leur dire « Vous n'êtes pas ce corps », ils vivent dans le monde et en connaissent les difficultés. Vous aurez beau leur dire « Vous n'êtes ni le corps, ni le mental, ni l'intellect », cela ne correspond pas à leur expérience vécue. Même s'ils acceptent le fait, ils ne peuvent pas subitement se transformer et en faire l'expérience dans leur vie quotidienne, car ils sont totalement immergés dans le monde. L'*advaita* (non-dualité) est la Vérité, mais elle ne doit pas être recommandée abruptement. Il n'est pas bon de dire à un enfant qui pleure parce qu'il s'est blessé à la main : « Ne pleure pas. Ce n'est que le corps, et tu n'es pas le corps. » L'enfant continuera à crier de douleur. Il en va ainsi de ceux qui vivent dans le monde. Ils subissent les effets des conjonctions planétaires et souffrent en fonction de leur mauvais *karma* florissant.

Amma a rencontré au moins dix millions de personnes. Même ceux qui possèdent des navires et des avions ont des histoires marquées par le chagrin et viennent en quête de paix. Amma sait à quel point ils souffrent pendant les conjonctions planétaires néfastes. Ces temples ont été construits pour soulager leur souffrance.

Combien de gens dans ce pays ont aujourd'hui vraiment foi en Dieu ? La dévotion réelle envers les temples est introuvable. Certains essaient même de les détruire ! Cependant, si on pouvait leur exposer de façon convaincante les principes du culte, cela déclencherait peut-être en eux une transformation. Quand l'approche se fait par le raisonnement, il est possible d'inculquer à ces gens la dévotion. C'est pour cette raison qu'Amma a construit ces temples.

L'essence de l'effigie installée à Kodungalur est « l'unité dans la diversité et la diversité dans l'unité. » Lorsque des matériaux divers sont offerts au feu et consumés, ne deviennent-ils pas une même cendre ? Ainsi, dans le feu de la Connaissance, la multiplicité se réduit à l'Unité. Voyons l'unité dans tous les visages. Le pouvoir divin qui réside en chacun est Un. Quand nous regardons une personne, avec ses yeux, son nez, ses bras et ses jambes, nous ne la voyons pas comme la succession de ces divers organes, mais comme une seule forme humaine composée de tout cela. De même, bien que chaque corps soit une entité distincte, il faut voir le Soi unique qui les anime tous. C'est le concept représenté ici.

En appuyant sur un seul interrupteur, on peut allumer autant d'ampoules électriques que l'on veut. Dans le temple *Brahmasthanam*, quatre « ampoules » ont été reliées à un « interrupteur », c'est tout. Une seule résolution d'Amma a insufflé l'énergie vitale aux quatre divinités. Ce que l'on appelle « énergie » est Un. Pourquoi les quatre divinités devraient-elles être placées dans quatre endroits distincts ? Ainsi, elles sont représentées dans une seule pierre. Gardons aussi à l'esprit qu'il faudrait beaucoup plus de place pour consacrer un lieu différent à chaque divinité. Le concept n'est-il pas plus important que le lieu de l'installation ou la manière dont elle est faite ?

Mes enfants, Dieu n'est pas dans le bloc de pierre. N'est-Il pas dans nos cœurs ? C'est pour pouvoir nous nettoyer le visage que nous nous regardons dans la glace. Nous ne sommes pas nous-même le miroir. Dieu est partout, mais afin de purifier le mental humain et de le nettoyer, nous avons besoin d'un outil, d'un concept. C'est le rôle de l'idole sacrée. Certains vénèrent Dieu dans une montagne. Ce qui importe, c'est la conception ou l'attitude de chacun. Ainsi, ce temple et son effigie correspondent à la conception d'Amma. Elle est à prédominance Shiva-Shakti. Dans l'ancien temps, il n'y avait pas de temple. Le seul temple était dans le cœur de chacun. De quand date l'existence des temples ? Elle est assez récente. Afin de faire progresser les gens en accord avec leur nature, à différentes époques, les *Mahatmas* ont instauré des formes variées de Dieu.

L'essence de Shiva est l'état d'Absolu. Seul l'Absolu (*Brahman*) peut enlever toutes les impuretés. Seul Shiva peut, à Lui seul, prendre sur lui et avaler les conséquences néfastes des mauvaises actions de tous les êtres. Shiva est le filtre qui reçoit le mauvais *karma* des humains comme des dieux. Il est dans sa nature de recevoir les impuretés de l'humanité et de la purifier. Quelle que soit la quantité d'impuretés qu'Il absorbe, Il n'en est pas affecté, et Il peut à Lui seul sauver le monde. Ganesh est celui qui lève les obstacles. Dévi, l'énergie divine (*Kundalini Shakti*) assoupie à la base de la colonne vertébrale (*muladhara chakra*), s'éveille alors et se déploie sous forme d'un serpent qui s'élève pour rejoindre Shiva (l'état sans forme de l'Absolu). Tel est le principe qui sous-tend le *Brahmasthanam*. Le but d'Amma n'est pas d'assujettir les gens au culte d'une idole. Elle souhaite qu'ils réalisent Dieu. »

Chapitre 10

La foi mise à l'épreuve

L e second tour du monde d'Amma commença en mai 1988. À ceux qui avaient fait l'expérience de son Amour divin l'année précédente s'ajoutaient ceux qui en avaient entendu parler. Partout, les salles étaient combles. À Singapour, une femme se prosterna devant Amma. Alors qu'elle se relevait, Amma lui demanda : « Pourquoi n'es-tu pas revenue le lendemain ? » La femme eut d'abord l'air stupéfaite, puis ravie. Elle nous raconta par la suite que l'année précédente, lorsqu'elle était venue voir Amma, celle-ci lui avait demandé de revenir le lendemain. Mais, en raison de circonstances incontournables, elle n'avait pas pu. Tel était le sens de la question d'Amma. Cette femme était stupéfaite qu'Amma, qui avait dû voir des centaines de milliers de gens depuis, ait pu se souvenir d'un détail aussi insignifiant. Cela la convainquit de sa nature divine.

Il ne serait pas déplacé d'évoquer ici les *siddhis* ou pouvoirs mystiques. De nombreux miracles se produisent autour d'Amma. Elle-même manifeste aussi une omniscience patente et infaillible. Bien qu'elle prétende ne rien savoir, il apparaît clairement à ses dévots que ceci n'est qu'un faux-semblant. Combien de milliers de personnes ont fait l'expérience de son omniscience ! Et combien de milliers d'autres ont vu sa grâce salvatrice les tirer d'insolubles problèmes ! Amma ne fait pas étalage de ses pouvoirs. Elle est bien

trop subtile pour cela. Cependant elle ne nie pas que les *Mahatmas* puissent accomplir, et accomplissent de fait, des choses qui nous paraissent miraculeuses. Interrogée sur la nature des miracles et des pouvoirs spirituels, elle répondit :

« Les miracles sont généralement attribués aux dieux vivants. Selon la conception commune, les miracles ne peuvent être accomplis que par des êtres divins, ils sont l'apanage de tels êtres. Les gens croient même qu'une personne qui ne fait pas de miracles ne peut pas être une grande âme, alors que cette personne peut très bien, en fait, être Réalisée. En vérité, ce qui, selon nous, constitue un miracle peut indifféremment se produire ou ne pas se produire en présence des grands maîtres authentiques, car ils n'y attachent pas grande d'importance. Ils n'ont rien à perdre ni à gagner en faisant des miracles. Ils se moquent de la renommée, ils ne souhaitent pas non plus plaire ou déplaire à quiconque. Si cela se produit, c'est bien ; si cela ne se produit pas, c'est bien aussi. De nos jours cependant, la foi des gens dépend des miracles qu'accomplit un maître Réalisé, un dieu vivant. Il y a aussi, malheureusement, de prétendus *gurus* qui exploitent les gens en faisant croire qu'ils font des miracles.

La maîtrise parfaite du mental équivaut à la maîtrise de l'univers. Tout, dans la création, est constitué des cinq éléments : le feu, l'eau, la terre, l'air et l'espace. Lorsque vous avez atteint la Réalisation, ces cinq éléments sont sous votre contrôle. Ils deviennent vos serviteurs obéissants. Si vous voulez que quelque chose se change en montagne, cela se fera. Ou si vous désirez créer un autre monde, c'est possible également. Mais pour cela, vous n'avez pas besoin d'atteindre la Réalisation. Vous pouvez acquérir ces pouvoirs avant.

Une personne peut posséder des pouvoirs miraculeux, mais tant qu'elle est assujettie à l'ego et au sentiment du « moi » et du « mien », ces pouvoirs sont inutiles car sa nature fondamentale ne change pas, cette personne est elle-même incapable de changer ou de transformer quiconque. Elle ne peut conduire personne sur le chemin de la divinité. Celui qui fait mauvais usage de ses pouvoirs ne peut que détruire et nuire à la société. En utilisant ses pouvoirs pour aller à l'encontre de la loi naturelle, il pave inévitablement la voie de sa propre destruction.

En fait, en accomplissant des miracles, on contrevient aux lois de la nature. Bien sûr, un être Réalisé est libre de le faire, parce qu'il ne fait qu'un avec l'énergie cosmique. Mais il ne le fera que si c'est absolument nécessaire. Il préfère s'en abstenir.

Un gouvernement, avec l'aide des experts administratifs, établit une constitution pour le pays. Les membres du gouvernement doivent eux-mêmes obéir aux règles et aux lois qu'ils ont édictées. De même, les véritables maîtres sont ceux qui ont établi les lois de la nature, mais afin de montrer l'exemple, ils doivent eux-mêmes respecter ces lois, ne pas les transgresser ni les bousculer.

La spiritualité n'est pas faite pour nourrir l'ego. N'importe qui peut acquérir des pouvoirs occultes, en s'adonnant à certaines pratiques prescrites par les Écritures. Mais la véritable réalisation spirituelle dépasse de très loin tout cela. C'est l'état où l'on devient complètement libre de tout attachement, attachement du corps, de l'esprit ou de l'intellect. C'est l'expérience intérieure de la Vérité suprême. Lorsque ce stade ultime est atteint, vous ne pouvez plus abriter de sentiments négatifs tels que la colère, la haine ou le ressentiment. Vous demeurez dans la paix suprême et l'amour divin, au-delà de l'espace et du temps. Où que vous soyez, vous rayonnez cet amour et cette paix. L'amour divin, la compassion et la paix qui émanent de vous transforment l'esprit des gens. Un tel être peut transformer des mortels en immortels, des ignorants en sages, et l'homme en Dieu. Voilà le véritable miracle qui se produit en présence d'un *Mahatma*.

Il se peut qu'en présence d'un *Mahatma*, des miracles

surviennent spontanément. C'est seulement une expression intégrale de son existence. D'un seul regard, d'un vœu, le maître transforme tout à son gré. Mais il faut avoir l'attitude appropriée et une juste perception intérieure pour percevoir les véritables miracles qui se produisent autour du Maître.

Celui qui est uni à la Conscience suprême ne fait qu'un avec la création toute entière. Il n'est plus uniquement le corps. Il est la force vitale qui brille en chaque parcelle de la création. Il est la Conscience qui donne à toute chose sa beauté et sa vitalité. Il est le Soi partout immanent.

Ecoutez l'histoire du grand sage Védavyasa, et de son fils Suka. Dès l'enfance, Suka était détaché du monde. Védavyasa voulait que son fils se marie et mène la vie ordinaire d'un père de famille. Mais Suka, qui était né divin, était très attiré par la vie de renonçant. Si bien qu'un jour, il abandonna tout et partit pour se faire *sannyasin*. Alors que Suka s'éloignait, Vedavyasa cria son nom. Ce fut la Nature qui répondit à son appel : les arbres, les plantes, les montagnes, les vallées, les oiseaux et les animaux, tous lui répondirent.

Que signifie cet épisode ?

Quand Védavyasa appela son fils, c'est la Nature qui répondit parce que Suka était cette pure Conscience immanente dans toute la Nature. Védavyasa appelait Suka, mais Suka n'était pas le corps, il n'avait donc ni nom ni forme. Il était au-delà du nom et de la forme. Il existait en tout. Les corps de toutes les créatures étaient son corps. Il était dans chaque corps et c'est pourquoi tous répondirent. Voilà le sens de cette histoire.

Transcender l'ego signifie devenir un avec l'univers. Vous devenez aussi vaste que l'univers. Vous plongez profondément dans ses secrets et ses mystères et vous réalisez la réalité ultime, la Vérité suprême. Vous devenez le maître de l'univers.

Amma ne s'est jamais sentie séparée, de quelque façon que ce soit, de son Soi réel. Il est donc difficile de dire à quel moment ce pouvoir miraculeux entra en action. Il n'y a jamais eu un instant où Amma n'ait pas vécu son identité avec la Force suprême. Dès sa naissance, Amma savait qu'il n'y avait rien d'autre que Dieu. »

Au cours du second tour du monde, en plus des pays qu'elle avait déjà visités l'année précédente, Amma se rendit en Angleterre et en Allemagne. Un jour, à Munich, pendant le *darshan* du matin, je fis une longue promenade. Je tombai inopinément sur un vieux palais transformé en musée. Il y avait devant le palace un bassin rempli de gros poissons et couvert de grands cygnes blancs. Pensant qu'Amma aimerait voir cela, je lui en fis part après le *darshan*. Elle devint comme une petite fille, dans son impatience de voir les cygnes, car il est dit dans les Écritures indiennes qu'il y a des cygnes au lac Manasarovar, au Tibet, près du célèbre Mont Kailash, la demeure légendaire du Dieu Shiva. Selon les Écritures, les cygnes ont le pouvoir unique de séparer le lait de l'eau. Ceci est dû aux sécrétions acides de leur bouche, qui font cailler le lait, le séparant de l'eau. Ils symbolisent la faculté de discerner entre le réel et l'irréel. Qu'est-ce qui est réel et qu'est-ce qui ne l'est pas ? Ce qui ne change jamais, qui reste immuable dans le passé, le présent et l'avenir, cela est réel, et tout le reste est irréel. Telle est la définition que les Anciens donnaient de la Réalité. Toute la Création est un mélange des deux. Les formes sont irréelles mais leur essence est réelle, et elle pénètre tout comme le lait se mélange à l'eau. Celui qui s'attache à isoler en lui-même ce qui est immuable trouvera la Vérité.

Nous nous rendîmes au bassin sur le chemin du programme du soir. Amma se précipita vers les cygnes. Elle leur donna des morceaux de pain qu'ils venaient manger dans ses mains tandis qu'elle riait et s'amusait comme une petite fille.

Amma passa dix jours dans les Alpes suisses, à deux heures de route de Zurich. Durant son séjour, elle s'adressa à un dévot qui était obsédé par la peur de la mort : « Dieu t'a donné une aura adéquate. Elle possède une énergie illimitée, infinie. Elle peut être chargée à n'importe quelle capacité. Nous pouvons voyager dans n'importe quel monde, même un monde dépourvu d'oxygène. La mort peut être transcendée. Tu ne nais jamais, tu ne meurs jamais. Si le ventilateur, ou le réfrigérateur, ou l'ampoule électrique tombent en panne, le courant électrique n'est pas pour autant détruit. De la même façon, l'Atman en toi existe éternellement. Ne crains pas la mort, et ne t'inquiète pas de ta prochaine naissance. »

Quelqu'un d'autre demanda : « Amma, je consacre chaque jour du temps à la méditation, sans en retirer le bénéfice souhaité. »

Amma répondit : « Mon fils, ton esprit est agité par tant de sujets divers. Régularité et discipline de vie sont indispensables pour un aspirant spirituel. Si tu mènes une *sadhana* sans avoir de discipline dans ta vie, comment pourrais-tu en bénéficier ? Si tu prends de l'huile dans un récipient pour la transvaser dans un autre récipient, puis encore dans un autre, et ainsi de suite, à la fin, il n'en restera rien. Où est passée l'huile ? Elle est restée sur les parois de tous les récipients. De même, si tu te plonges dans toutes sortes d'affaires mondaines après la méditation, le pouvoir obtenu par concentration sur un objet unique se perdra dans le dédale de la diversité. Si tu parviens à voir l'unité de Dieu dans les divers objets du monde, tu ne perdras pas la force gagnée grâce à la méditation. »

Un télégramme arriva un jour de Paris après le retour d'Amma en Inde. Il émanait du *brahmachari* français qui avait organisé les programmes européens d'Amma. Il vivait à l'Ashram depuis six ans environ lorsque le gouvernement décida de ne plus renouveler son visa. Quand il demanda à Amma ce qu'il fallait faire, elle lui dit de retourner en France et de donner des conférences sur la spiritualité. Il était, bien sûr, très contrarié, car il souhaitait comme nous tous, passer le reste de ses jours auprès d'Amma. À cette époque, rien n'indiquait qu'Amma ferait un jour le tour du monde. Du moins, nous n'en avions pas la moindre idée, alors qu'Amma, elle savait très bien qu'elle se rendrait en Amérique et en Europe. Tout le monde, y compris Amma, accompagna le *brahmachari* à la gare pour un adieu plein de larmes. Avec seulement quelques dollars en poche, et aucun ami digne de ce nom en France, il rentra à Paris très abattu. Mais il avait la conviction que, puisque c'était la volonté d'Amma qu'il parte, tout s'arrangerait. Il habita d'abord dans une église, puis passa quelques jours chez des gens qu'il y avait rencontrés, faisant ici et là des exposés sur Amma et sur le Védanta, philosophie du Non-Dualisme.

Pour finir, son père, avec lequel il avait eu peu de contacts par le passé, lui proposa une chambre de bonne sans chauffage au sommet d'un immeuble qui lui appartenait. Il se mit à voyager en France, en Angleterre, en Autriche, en Allemagne, en Suisse, en Belgique et en Italie, donnant des cours en chaque endroit. Il faisait près de huit mille kilomètres par mois. Lorsque la tournée américaine d'Amma fut projetée, les dévots d'Europe exprimèrent eux aussi le désir de recevoir sa visite. Il organisa donc les programmes. Mais sa vie trépidante et ses voyages incessants affectèrent sa santé, et il finit par développer un glaucome des deux yeux. Dans son télégramme à Amma, il écrivait : « Les médecins disent que je risque de perdre la vue à cause du glaucome. Je n'ai pas d'argent pour me soigner. Qu'il en soit selon la volonté d'Amma. » À la lecture du télégramme, les yeux d'Amma s'emplirent de larmes et elle s'isola dans un coin de l'Ashram pour être seule. Elle resta en méditation un certain temps, puis appela un *brahmachari* et lui demanda d'aller à la première ville permettant les appels internationaux en automatique pour appeler le *brahmachari* de France et lui dire de ne pas s'inquiéter, qu'il allait recevoir de l'argent. Lorsqu'il revint six heures plus tard, son coup de téléphone passé, le *brahmachari* dit à Amma que le *brahmachari* français revenait tout juste de chez le médecin. Trois docteurs, et non un, avaient examiné ses yeux sans y retrouver la moindre trace de glaucome. Ils considéraient cela comme un miracle, mais le *brahmachari* français connaissait la vérité, à savoir qu'Amma était intervenue.

Lorsque leur relation a atteint un certain stade, un véritable guru soumet la foi de son disciple à de sévères épreuves. Il n'agit pas ainsi par cruauté, mais uniquement pour accorder au disciple l'occasion de développer en définitive une foi parfaite, d'épuiser tout son mauvais *karma* passé, et en fin de compte pour le libérer du cycle de la naissance et de la mort. La vie spirituelle n'est pas une sinécure, et seuls ceux qui sont prêts à mourir pour la Réalisation de Dieu devraient s'y adonner pleinement, car plus ils avancent, plus les épreuves sont difficiles. La littérature mondiale regorge de récits d'épreuves auxquelles les gurus ont soumis leurs disciples.

L'un d'eux est consacré à un dévot, riche propriétaire terrien qui possédait tout un village. Sa pratique de la dévotion consistait à vénérer la tombe d'un saint homme. Mais un jour, il entendit un guru dont l'allocution fit si profonde impression sur lui qu'il décida de demander l'initiation de ce guru.

Le guru était un être omniscient. Il lui demanda pourtant qui il vénérait présentement. L'homme donna le nom du défunt saint. « Je te donnerai l'initiation lorsque tu seras rentré chez toi et que tu auras démantelé ta pièce de *puja* », lui dit le guru. Le dévot retourna chez lui aussi vite qu'il le put et détruisit la pièce jusqu'à la dernière brique. Un certain nombre de personnes, qui s'étaient attroupées, le mirent en garde solennellement : « Frère, tu auras à payer très cher la profanation de cette pièce sacrée. Nous n'aimerions pas être à ta place. » L'homme répondit hardiment : « Je l'ai fait de mon plein gré et suis prêt à en souffrir toutes les conséquences. » Lorsqu'il retourna à son guru, celui-ci lui accorda l'initiation.

Mais il était dit qu'il aurait à subir d'autres épreuves. Peu de temps après, son cheval mourut, puis ce fut le tour de certains de ses bouvillons. Des voleurs lui dérobèrent ses biens. Puis les gens se mirent à l'accabler en lui disant : « Voilà le résultat de ton manque de respect envers le saint décédé. Tu devrais reconstruire le temple dans ta maison. » Mais rien de tout cela ne l'affectait. Il répondait : «Peu importe ce qui arrivera. Mon guru omniscient sait ce qui est pour le mieux. Rien ne pourra ébranler en moi cette conviction. »

Mais les malheurs se succédant, il ne fut bientôt plus qu'un indigent. Il s'endetta même auprès de beaucoup de gens. Ils exigèrent un jour qu'il les rembourse sur-le-champ en disant : « Soit tu nous payes, soit tu quittes le village immédiatement. » Ses amis l'exhortèrent : « Si seulement tu reconstruisais le temple, les choses s'amélioreraient sûrement. » Mais le dévot s'entêta et préféra quitter le village. Avec sa femme et sa fille, ils prirent les maigres possessions qu'il leur restait et trouvèrent asile dans un autre village. Comme il était jadis riche propriétaire, il n'avait jamais appris de métier. Mais il lui fallait à présent gagner de l'argent, et il se mit à gagner sa vie en coupant de l'herbe qu'il vendait ensuite.

Plusieurs mois s'écoulèrent de la sorte. Un jour, le guru lui envoya une lettre par un de ses disciples. À ce disciple le guru avait dit : « Surtout, n'oublie pas d'exiger vingt roupies d'offrande avant de lui remettre la lettre. » Le dévot fut enchanté de voir la lettre, mais il n'avait pas d'argent pour acquitter l'offrande. Il demanda conseil à sa femme, qui lui dit : « Je vais prendre mes bijoux et ceux de ma fille et aller les proposer au joaillier. » Celui-ci en offrit exactement vingt roupies, que l'on remit au disciple.

Le dévot reçut sa lettre et la serra sur son cœur. À cet instant, il atteignit le *samadhi*.

Mais le guru désirait le mettre encore à l'épreuve, aussi dit-il à l'un de ses disciples : « Demande-lui de venir à l'ashram. » Le dévot et sa famille se précipitèrent à l'ashram et s'y installèrent. Ils se mirent à travailler aux cuisines, faisant la vaisselle et coupant du bois. Au bout de quelques jours, le guru demanda : « Ce nouveau dévot, où trouve-t-il sa nourriture ? »

« Il mange avec nous », répondit un des disciples, « la cuisine lui fournit ses repas. »

« Il me semble », répliqua le guru, « que cela n'est pas vraiment servir. S'il servait réellement, il n'attendrait rien en retour de son travail. En fait, il nous demande des gages et se paie en nourriture. »

Lorsque sa femme lui rapporta ceci, le dévot dit : « Je ne veux rien en retour du service de mon guru bien-aimé, qui m'a donné cet inestimable joyau, mon *mantra*. Nous trouverons notre nourriture autrement. À compter de ce jour, il se rendit toutes les nuits dans la forêt pour y couper du bois qu'il vendait au marché. Avec ces revenus, il achetait de la nourriture. Pendant la journée, lui et sa femme continuaient à travailler aux cuisines.

À quelque temps de là, alors qu'il était allé dans la forêt pour couper du bois, une grande tempête se leva. Le vent était si violent que l'homme et son fardeau furent emportés et qu'il tomba dans un puits. Le guru, qui savait tout cela, appela des disciples et leur enjoignit de prendre une planche, de la corde, et de le suivre. Arrivé dans la forêt, le guru dit : « Il est au fond de ce puits. Appelez-le et dites-lui que nous allons lui envoyer une planche accrochée à une corde. Qu'il s'accroche à la planche et nous le remonterons. » En aparté, il ajouta aussi quelques mots à l'adresse du disciple qui devait appeler dans le puits.

Après avoir crié, le disciple dit : « Mon frère, vois dans quel triste état tu es. Et tout cela à cause de la façon dont le guru t'a traité. Pourquoi n'oublies-tu pas un guru qui fait des choses pareilles ? »

« Quoi ? Oublier mon guru bien-aimé ? Jamais ! », hurla le dévot. « Quant à toi, ingrat, ne redis jamais des choses aussi irrespectueuses au sujet du guru en ma présence. Ces paroles honteuses me mettent à l'agonie. »

Il fut alors prié de se cramponner à la planche, mais insista pour que l'on sorte d'abord le bois. « Il est destiné aux cuisines du guru », expliqua-t-il, « et je crains qu'il ne se mouille et ne puisse plus brûler. » Finalement, il sortit du puits et se retrouva nez à nez avec le *Satguru*. Celui-ci lui dit :

« Frère, tu as subi de nombreuses épreuves et les as toutes affrontées avec courage, foi et dévotion envers le *Satguru*. Je t'en prie, demande-moi un cadeau ou une grâce. Tu l'as mérité, et je serais très heureux de te l'accorder.»

Sur ce, le dévot tomba à genoux devant son Maître bien-aimé et s'exclama, le visage ruisselant de larmes : « Quelle autre grâce que toi seul pourrais-je souhaiter ? Rien d'autre ne saurait m'intéresser. »

À ces mots jaillis du cœur, le guru l'embrassa et lui dit :

« Tu es l'enfant chéri de ton guru,
Et le guru est ton seul amour.
À présent, comme le guru,
Tu es un navire qui mène à bon port
Ceux que tu transportes
Sur l'océan de la vie et de la mort. »

Cette année-là, mon cousin Ron décida qu'il avait assez vécu dans le monde et céda son entreprise. Depuis sa rencontre avec Amma, il avait observé le célibat et pratiqué une *sadhana* toujours plus poussée. La dernière fois qu'il avait vu Amma, il était sur le point de signer un contrat pour donner une dimension internationale à son entreprise. Lorsqu'il consulta Amma à ce sujet, elle lui répondit que s'il était vraiment soucieux de son évolution spirituelle, mieux valait pour lui ne pas s'impliquer plus profondément dans les affaires. Sa foi en Amma était telle qu'il ne signa pas le contrat, laissant ainsi échapper de son plein gré une occasion sur laquelle n'importe quel autre homme d'affaires aurait sauté. Pour finir, il se défit de son entreprise et acheta un terrain magnifique dans les collines au sud-est de San Francisco. L'endroit devint l'Ashram américain d'Amma, le Mata Amritanandamayi Center.

C'est à peu près à cette époque qu'une femme de Parippally, village situé à environ deux heures de route au sud de l'Ashram, vint voir Amma pour lui proposer de lui vendre son orphelinat. Financièrement dans la gêne, elle ne parvenait plus à entretenir l'institution, ce qui entraînait beaucoup de souffrances pour les petits pensionnaires. Amma ne répondit pas immédiatement à cette proposition, car elle voulait d'abord étudier à fond la situation. On découvrit que l'orphelinat était effectivement très endetté et qu'il faudrait beaucoup d'argent pour le renflouer. Les bâtiments, laissés à l'abandon, étaient complètement délabrés. Il n'y avait ni toilettes ni salles de bains pour les plus de quatre cents enfants qui vivaient là. Ils se lavaient à côté du puits, laissant les eaux usées retourner au puits, ce qui ensuite provoquait des dysenteries. Pour leurs besoins naturels, ils utilisaient n'importe quel endroit de plein air. Leur alimentation consistait en boulettes de farine de blé bouillies avec un peu de sel. L'un dans l'autre, c'était un spectacle de désolation, et c'est la raison même pour laquelle Amma décida finalement d'assumer la responsabilité de l'orphelinat.

Pendant la tournée mondiale d'Amma, l'orphelinat fut entièrement rénové, avec toilettes et salles d'eau adéquates. On aménagea un approvisionnement régulier en eau propre. Les enfants reçurent une alimentation équilibrée. À travers les Ashramites qui s'installèrent à l'orphelinat, on leur inculqua le sens de l'hygiène et de la discipline. Ces Ashramites enseignaient les soins de santé de base, les postures yogiques, la méditation et le chant dévotionnel. L'orphelinat comportait une école de Sanscrit tombée en désuétude, qui fut également rachetée, et, avec le temps, ses élèves commencèrent à récolter les premiers prix dans de nombreux concours d'État. Au fil du temps viendraient s'ajouter des activités extra-curriculaires telles que sports, musique, dessin et théâtre, sous la direction des *brahmacharis* et *brahmacharinis*.

Chapitre 11

La libération d'un grand dévot

Ottoor Unni Nambudiripad était un poète célèbre, un érudit en Sanscrit, et un dévot d'Amma. Il faisait autorité sur la *Srimad Bhagavatam*. Partout, les dévots de Krishna aiment et acclament les poèmes d'Ottoor à la gloire de Krishna. Sa poésie inspirée lui a valu de nombreux titres et récompenses. Il rencontra Amma en 1983, à l'occasion des célébrations de son trentième anniversaire, auxquelles il avait assisté après avoir entendu parler d'elle par une de ses fidèles. Ottoor, qui avait à l'époque quatre-vingt cinq ans, devint comme un petit garçon de deux ans dans ses rapports avec Amma. Il voyait en elle l'incarnation de sa divinité d'élection, Krishna, ainsi que de la Mère divine. Il décida de passer le restant de ses jours auprès d'Amma et commença à composer des poèmes sur elle.

Amma donna à Ottoor le surnom de « Unni Kanna » (bébé Krishna), en raison de son attitude enfantine envers elle. On l'entendait parfois crier « Amma ! Amma ! » à pleins poumons, de sa chambre, lorsqu'il désirait la voir. Si Amma passait par là, elle allait le voir. Bien qu'il souffrît énormément du fait de son grand âge, les moments passés en compagnie d'Amma lui faisaient oublier ses misères physiques.

Après avoir rencontré Amma, Ottoor écrivit le poème suivant :

Amma avec Ottoor Unni Namboudiripad

Ô Mère
Tu es l'incarnation de Krishna et de Kali.

Ô Mère
Ton sourire et Ton chant,
Tes regards, Tes caresses et Ta danse,
Tes paroles enchanteresses,
Le contact de Tes Pieds sacrés,
Et le nectar de Ton Amour
Sanctifient les mondes.

Ô Mère
Plante grimpante céleste,
Qui accorde avec joie et en abondance
À tous les êtres, animés ou inanimés,
Qu'il s'agisse du Créateur Brahma ou d'un brin d'herbe
Tous les purushartas
depuis le dharma jusqu'à moksha

Ô Mère
Qui étonne les trois mondes,
Submergeant tous les êtres humains,
Les abeilles et les oiseaux,
Les vers et les arbres,
Des vagues turbulentes de Ton amour.

Ottoor n'avait qu'un seul souhait. Chaque fois qu'il recevait le *darshan* d'Amma, son unique prière était : « Amma, à mon dernier soupir, que ma tête repose sur tes genoux. C'est mon unique souhait, ma seule prière. Ô ma Mère, je t'en prie, laisse-moi expirer la tête sur tes genoux. » Chaque fois qu'il voyait Amma, il renouvelait sa requête.

Peu après avoir rencontré Amma, Ottoor devint résident permanent de l'Ashram. Il avait coutume de dire : « Je sais désormais que Dieu ne m'a pas abandonné, car je vis en Sa présence et je baigne dans Son amour divin. Avant, j'étais profondément déçu à la pensée de n'avoir jamais rencontré le Seigneur Krishna ni aucun des grands saints. Mais à présent je ne vois plus les choses ainsi, car je sais qu'Amma les contient tous en Elle. »

Juste avant le troisième tour du monde d'Amma, en 1989, l'état de santé d'Ottoor s'aggrava. Il devint très faible, et sa vue déclinait rapidement. Sa prière bien connue de pouvoir mourir dans les bras d'Amma se fit constante. Quand sa vue devint vraiment très basse, il dit à Amma : « Si Amma veut me prendre ma vision extérieure, très bien. Mais, Ô divine Amma des cieux, je t'en prie, sanctifie ton serviteur en lui ôtant son aveuglement intérieur, ouvre son oeil intérieur. Je t'en supplie, ne repousse pas la prière de cet enfant. »

À ceci, Amma répondit avec amour : « Unni Krishna, ne crains rien ! Ton désir sera exaucé, n'en doute pas. Comment Amma pourrait-elle repousser ton innocente prière ? »

Ottoor n'avait pas peur de la mort. Il redoutait seulement de mourir pendant qu'Amma serait à l'étranger. Il exprima sa crainte à Amma en disant : « Amma, je sais que tu es partout et que ton giron est aussi vaste que l'univers. Cependant, je prie pour que tu sois physiquement présente quand je quitterai mon corps. Si je meurs pendant ton absence, mon vœu d'expirer dans tes bras ne sera pas exaucé. »

Amma le caressa affectueusement et lui dit avec une grande fermeté : « Non mon fils Unni Kanna, cela n'arrivera pas ! Tu peux être certain de ne quitter ton corps qu'après le retour d'Amma. » Ce fut pour Ottoor une grande consolation. Comme cette assurance lui venait directement des lèvres d'Amma, Ottoor eut la ferme conviction que la mort ne l'emporterait pas avant le retour d'Amma.

En août, après trois mois de tournée, Amma revint à l'Ashram. En son absence, Ottoor se faisait soigner par un médecin ayurvédique chez qui il résidait. Amma lui dit de revenir à l'Ashram, l'heure de quitter son corps approchant.

Une nuit, après le *Devi Bhava*, Amma se rendit dans la chambre d'Ottoor. Il était très faible mais fut heureux de la voir. Pleurant comme un petit enfant, il priait Amma : « Ô Amma, Mère de l'univers, je T'en prie rappelle-moi à toi ! Je t'en prie rappelle-moi vite ! » Amma lui caressait la tête et lui massait la poitrine et le front pour le réconforter.

Quelqu'un avait offert à Amma un matelas neuf, et elle voulait qu'Ottoor l'utilise. Après avoir fait monter le matelas dans sa chambre, Amma souleva le corps frêle d'Ottoor, et telle une mère portant son bébé, le tint dans ses bras pendant que les autres glissaient le matelas neuf sur le lit. En voyant cette manifestation de la compassion d'Amma, Ottoor s'exclama : « Ô Amma, Mère de l'univers, pourquoi répands-tu tant d'amour et de compassion sur cet enfant indigne ? Ô Amma, Amma, Amma... »

Amma l'allongea tendrement sur le lit et lui murmura : « Unni Kanna, mon fils, dors bien. Amma reviendra demain matin. »

« Ô Amma, plonge-moi dans le sommeil éternel », répondit Ottoor.

Cette nuit-là, le poète dicta un dernier chant :

Les médecins qui me soignaient, espérant me guérir,
Ont dû admettre leur défaite.
Mes parents et mes proches ont perdu espoir.
Ô Amma, pose tendrement ma tête sur Tes genoux
Sauve-moi et ne m'abandonne jamais.

Ô Saradamani, Ô Sudhamani, Ô Mère divine
Prends-moi tendrement dans Tes bras aimants
Que Ton visage révèle la lune d'Ambadi
Ne tarde plus à m'accorder l'immortalité.

Que Ton doux visage révèle Oncle Lune,
Le fils de Nanda.
Ô Mère, prends ce petit Kanna sur Tes genoux.
Berce-le pour l'endormir.

À sept heures le lendemain matin, Amma envoya chercher Narayanan, le garde-malade d'Ottoor. À son arrivée, elle lui dit qu'Ottoor quitterait son corps dans quelques heures. Elle lui demanda aussi de s'enquérir auprès de son oncle s'il souhaitait que la crémation de sa dépouille mortelle soit faite à l'Ashram ou sur les lieux de sa naissance. Narayanan regagna la chambre et rapporta à son oncle les paroles d'Amma. Bien que sa voix fût très faible, Ottoor répondit distinctement, accompagnant ses paroles d'un geste emphatique : « Les funérailles auront lieu ici, sur cette terre sacrée. Il n'y a pas d'autre endroit possible. »

Vers dix heures, Ottoor demanda à une *brahmacharini*, qui se tenait à son chevet, d'appeler Amma. Elle sortit, et pendant les quelques minutes qui suivirent, on voyait les lèvres d'Ottoor répéter constamment «Amma, Amma, Amma... » Durant cette récitation, Ottoor plongea dans un état proche du *samadhi*.

Amma était à ce moment-là dans sa chambre. Comme la *brahmacharini* franchissait le seuil, elle dit : « Dans quelques minutes, Ottoor quittera son corps. Mais le moment n'est pas encore venu qu'Amma soit présente. Actuellement l'esprit d'Ottoor est entièrement concentré sur Amma. L'intensité de cette pensée va culminer dans un état de *layana* (absorption). Quand cela se produira, Amma ira auprès de lui. Si Amma y allait plus tôt, l'intensité de sa concentration en serait diminuée. » Quelques instants plus tard, Amma se leva et gagna la chambre d'Ottoor. Elle y entra en souriant et s'assit sur le lit, tout contre Ottoor. Le visage rayonnant de béatitude, elle le fixait, comme pour lui dire : « Viens, mon fils. Mon bien-aimé Unni Kanna, viens et fonds-toi en moi, ta Mère éternelle. » Comme Amma l'avait prédit,

Ottoor était absorbé dans le Soi. Bien qu'il fût en *samadhi*, ses yeux demeuraient à moitié ouverts. Son visage ne dénotait aucun signe de souffrance ou de lutte. Il était facile de voir combien il était paisible et absorbé. Amma se rapprocha lentement de sa tête, la souleva doucement et la posa sur ses genoux. Tout en tenant la tête de son enfant chéri, elle posa sa main droite sur sa poitrine et continua à fixer son visage. Tandis qu'il reposait ainsi, Amma caressa doucement ses paupières, qui se fermèrent à jamais. Ottoor quitta son corps et son âme se fondit en Amma pour l'éternité. Amma se pencha et déposa un baiser plein d'amour sur son front.

Vingt-cinq ans avant la naissance d'Amma, Ottoor avait écrit le poème suivant :

Quand entendrai-je résonner à mes oreilles
Les noms propices de Krishna ?
Quand leur vibration fera-t-elle
Se dresser mes cheveux sur la tête,
Me laissant totalement absorbé dans les pleurs ?

Baigné de larmes,
Quand atteindrai-je la pureté ?
Et dans cet état de pureté absolue
Quand chanterai-je spontanément Ses Noms ?
Emporté par l'extase du chant,
Quand oublierai-je le ciel et la terre ?
Oublieux de tout, quand danserai-je
Mû par une pure dévotion ?
Et les pas de ma danse
Balayeront-il les taches
Qui maculent la scène du monde ?

Jouant ainsi à danser
Balayant toutes les taches,

Je pousserai un cri puissant ;
Et ce cri enverra-t-il ma pureté
Aux quatre points cardinaux ?

La pièce terminée,
Quand tomberai-je enfin
Dans le giron de ma Mère ?
Et allongé sur Ses genoux,
Quand dormirai-je, plein de béatitude ?

Et dans mon sommeil,
Quand rêverai-je
De la forme magnifique de Sri Krishna,
Qui demeure en mon cœur ?
Et m'éveillant,
Quand verrai-je Sri Krishna
Celui qui enchante le monde ?

À présent, son poème était exaucé par la compatissante Mère de l'univers.

Amma veilla le corps d'Ottoor toute la journée, tandis qu'on récitait la *Bhagavad Gita*. À la nuit, les *brahmacharis* portèrent son corps derrière l'Ashram pour la crémation, toujours sous le regard d'Amma. Quelle grâce ! Puissions-nous tous connaître cette fin bénie !

Chapitre 12

Les vœux de renoncement

Au mois d'octobre de la même année, dans une atmosphère solennelle de dévotion et de joie, un des fils d'Amma reçut en grande cérémonie l'initiation au *sannyasa*, précédée par une *puja* et par la répétition de *mantras* védiques. Celui que l'on avait connu sous le nom de Balu à l'époque où il avait rejoint Amma en 1979, et par la suite sous le nom de *Brahmachari* Amritatma Chaitanya, reçut d'Amma le nom de Swami Amritaswarupananda Puri. C'est un autre *sannyasi*, dévot d'Amma du nom de Swami Dhruvananda, qui célébra la traditionnelle cérémonie du feu ainsi que les autres rituels. Les rites d'initiation avaient commencé la nuit précédente. Amma était présente durant toute la cérémonie, répandant sa bénédiction, dispensant conseils et enseignements. La cérémonie se termina le lendemain au point du jour.

S'adressant à l'assemblée des dévots, Amma dit : «Aujourd'hui, Amma est heureuse car elle a pu dédier un de ses fils au bien du monde. Cela fait onze ans que Balu est arrivé à l'Ashram, après avoir achevé sa licence. À cette époque, il y avait un *Krishna Bhava*, suivi du *Devi Bhava*. Un soir, pendant le *Krishna Bhava*, Amma entendit quelqu'un chanter. Soudain, elle fut attirée par le chant. Bien qu'ayant entendu beaucoup de gens chanter, en entendant

Amma bénissant Swami Amritaswarupananda
après son initiation à sannyas

cette voix elle se dit : « Voici un pur *loka putra* (fils consacré au monde entier), voici un pur *loka putra*. »

« Bien qu'ayant vu en esprit celui qui chantait, Amma eut le désir de se pencher pour le regarder de ses propres yeux. Lorsque ce fils entra dans le temple pour recevoir le *darshan*, Amma lui demanda : « Mon fils, pourquoi es-tu venu ? Est-ce pour savoir si tu as réussi tes examens ? Mon fils, Amma est folle. » Ses premiers mots furent : « Donne-moi un peu de cette folie. » Amma n'initie pas si facilement, mais l'esprit d'Amma lui murmura que ce fils devait recevoir l'initiation le jour même.

« À dater de ce jour, il vint pratiquement chaque jour de *darshan*. Sa famille protestait. Sa mère étant morte quand il était enfant, c'était surtout son père qui protestait. Sa grand-mère était celle qui l'aimait le plus. Elle avait coutume de lui donner chaque mois cent roupies. Un jour qu'il était allé chercher l'argent, elle lui demanda : « Est-ce que tu vas aller voir cette fille à Vallickavu ? » En proie à un mélange de colère et de douleur, il ne put supporter de rester plus longtemps. « N'a-t-elle pas appelé mon Amma une fille ? » Il rendit l'argent et quitta la maison sur-le-champ.

Ce même jour, Amma se rendit chez quelqu'un pour une *puja* et le trouva là, en larmes. Lorsqu'elle lui demanda: « Mon fils, pourquoi pleures-tu ? », il répondit : « Ma grand-mère a traité mon Amma de « fille. » Dès lors, je n'ai que faire de son argent ni de son amour. » Amma lui dit : « Mon fils, ta grand-mère ne sait rien d'Amma. C'est pourquoi elle a parlé ainsi. Tu dois donc continuer à l'aimer et lui pardonner. »

Au bout d'un certain temps, alors que l'argent manquait à l'Ashram, ce fils se mit à vendre ses pantalons et ses chemises. Les membres de sa famille n'apprécièrent pas ce comportement. En plus des difficultés qu'il rencontrait dans son foyer, ce fils devait endurer l'antagonisme et les mauvais traitements de

Sugunanandan Acchan (le père d'Amma) et des villageois lorsqu'il venait à l'Ashram.

Un jour qu'il était en train de manger, Sugunanandan lui fit tomber l'assiette des mains et le rabroua. Une autre fois, les villageois le molestèrent et le menacèrent en lui barrant le passage. Même alors, son attitude ne changea pas d'un iota. Il n'avait qu'une pensée : « Amma, Amma. » Malgré l'opposition de sa famille, il ne cessait pas ses visites à l'Ashram. Parfois, après avoir quitté l'Ashram pour rentrer chez lui, il s'arrêtait à mi-chemin et revenait par le bus suivant.

À cette époque, pendant le *Devi Bhava*, il y avait dans le temple un bol pour les aumônes. Les Écritures disent : « Il faut vivre en abandonnant toute honte et tout orgueil. » Mais on ne pouvait voir le bol qu'en regardant très attentivement. Amma était résolue à ne rien demander à personne. Nul ne devait penser qu'Amma recevait pour de l'argent. L'argent déposé dans le bol suffisait tout juste aux besoins du temple. Comme Amma n'avait nul autre argent pour prendre soin des enfants qui venaient à l'Ashram, elle allait mendier dans les maisons voisines. Ce qu'elle recevait lui permettait de nourrir ses enfants et se nourrir elle-même.

Lorsque Nealu vint vivre ici, il déclara qu'il fournirait tout ce qui était nécessaire à l'Ashram, mais Amma refusa. Et elle continua à mendier. Amma n'accepta son argent que lorsque Nealu donna sa parole qu'il aimerait tout le monde d'un même amour. Amma n'accepta que lorsqu'il en vint à considérer l'Ashram et ses autres enfants comme les siens propres.

Les enfants sont venus vivre à l'Ashram à une époque où nous n'avions même pas les moyens de faire un repas par jour. Pourtant, ils n'en éprouvaient aucune gêne. Faute d'endroit où dormir la nuit, ils dormaient sous les cocotiers jusqu'à l'aube. C'est au milieu de pareilles épreuves que ces enfants ont grandi.

Amritatma se comportait comme si Amma était sa mère biologique. Il n'a jamais eu l'impression que ce lieu était un Ashram ni qu'Amma était son guru. Il considérait plutôt que c'était sa maison. Il manifestait envers Amma autant de liberté qu'il en aurait manifesté envers sa mère biologique. Elle avait beau le réprimander sévèrement, il ne changeait pas de comportement. Amma le mit aussi à l'épreuve. Elle envoya plusieurs jeunes femmes lui parler. Puis, elle observait son esprit. Elle aurait su s'il était fasciné ou troublé par ces situations, n'est-ce pas ? Mais il venait et racontait ouvertement à Amma tout ce qu'on lui avait dit, quel qu'en soit le sujet. Il n'y avait nulle trace de fascination.

Il écrivit un jour sans qu'Amma le voie : « Je suis l'esclave d'Amma. » Amma alla le trouver et lui dit : « Mon fils, Amma a un souhait. Notre Ashram connaît la pauvreté et de la souffrance, n'est-ce pas ? Quatre ou cinq de mes enfants voudraient résider ici en tant que *brahmacharis*. Ils sont venus pour servir le monde. C'est pourquoi, tu devrais partir pour le Golfe. Tu devrais faire ce sacrifice pour Amma. En travaillant là-bas, tu gagnerais au moins deux à trois mille roupies. Amma pourrait alors prendre soin des *brahmacharis*. » Soudain, son humeur changea et il songea : « Est-ce pour cela je suis venu ici, en démissionnant du poste que j'avais ? Je suis venu pour devenir *sannyasi*. Amma elle-même n'at-elle pas dit que Dieu protégerait celui qui abandonne tout pour Lui ? Et maintenant tu dis que je dois aller en Perse ? » En fait, Amma le mettait à l'épreuve. Elle lui dit : « Mon fils, qu'as-tu écrit il y a à peine quelques minutes ? Si ton dévouement est si grand, tu ne devrais même pas y regarder à deux fois quand Amma dit quelque chose. Tu n'as pas atteint un stade suffisant pour parler d'un tel renoncement. Si ton renoncement était total, tu te serais préparé à partir dès l'instant où je te l'ai demandé. C'est cela, le dévouement dans une relation *guru*-disciple. Tu n'as donc écrit que de vaines paroles. Mon fils, tu dois peser avec la plus grande attention chaque parole que tu profères, chaque mot que tu écris. » Après avoir passé ses examens de philosophie, ce fils songeait un jour : « Dieu n'est-il pas en chacun de nous ? Alors pourquoi devrions-nous pratiquer une *sadhana* ? Assis tout seul, il philosophait. Comprenant ce qui se passait en lui, Amma lui envoya une lettre : « Mon fils chéri, au bas de cette lettre, Amma a inscrit le mot « sucre. » Mon fils, si en léchant ce mot sur du papier tu en retires un goût de sucre, ne manque pas d'en aviser Amma. » Il se demanda : « Aurais-je un goût de sucre dans la bouche si je léchais ce mot ? Pourquoi Amma m'a-t-elle écrit ceci ? » Amma vint alors le trouver et lui dit : « Mon fils, tu dis que tu es *Brahman* et que Dieu est en toi. Si tu enregistres ces paroles sur magnétophone et que tu passes l'enregistrement, le magnétophone dira aussi « Je suis *Brahman*. » Quelle différence y a-t-il entre toi et un magnétophone ? Il ne suffit pas de répéter ce que tu as appris. Le goût du sucre s'apprécie par expérience, une expérience que l'on peut obtenir par des paroles. Dieu est expérience. À présent, tu n'es qu'une graine, tu n'es pas encore l'arbre. »

Du jour où il est arrivé ici et jusqu'à hier soir, chaque jour a été une épreuve pour Amritatma. Par la grâce de Dieu, il en est sorti vainqueur. Il a été puni même pour des peccadilles. Plusieurs fois Amma lui a fait faire le tour de l'Ashram après lui avoir bandé les yeux avec une serviette, pour lui faire honte. Aussi fortement qu'une mère réprimande son enfant, l'enfant s'agrippe à sa mère. Sans sa mère, où pourrait-il aller ? Il n'y a pas d'autre monde pour l'enfant privé de sa mère. Plus elle repousse l'enfant, plus il se cramponne à elle. La mère prend alors l'enfant sur son épaule et lui chante une berceuse. Telle est la relation guru-disciple.

Il est arrivé à Amma de réprimander sévèrement Amritatma et de l'accuser d'erreurs qu'il n'avait pas commises. Il lui est même arrivé de le repousser sans raison. Mais ce fils restait assis en silence, sans dire un seul mot. Il ne bougeait même pas de l'endroit où il se trouvait. Quand Amma lui demandait enfin : « Mon fils, pourquoi restes-tu là impassible, sans dire un mot ? » Il répondait : « Ma mère ne peut pas se fâcher avec moi, elle ne peut pas ne pas m'aimer. Tu es à moi et je suis à toi. C'est une bénédiction, une grâce que tu m'accordes pour me débarrasser de mon ego. Amma, je t'en prie, accorde-moi toujours ce genre de bénédiction. »

Amma sait qu'il n'est pas bon de faire l'éloge de quelqu'un devant lui. Cela fait gonfler son ego. Mais Amma ne craint pas de la faire dans le cas d'Amritatma. Si cela se produit, Amma n'est jamais loin, prête à écraser l'ego, et Amritatma le sait. C'est pourquoi Amma voudrait ajouter quelques mots à son sujet.

Bien des fois, il a prévenu Amma d'événements qui allaient se produire. Un jour que nous revenions de Madras dans le bus de l'Ashram, Amritatma dit soudain à Amma : « Amma, le véhicule va perdre une roue. Dis à Pai de s'arrêter. » Amma répéta cela tout haut. Pai répondit qu'il s'arrêterait dès qu'il trouverait de l'ombre. Une fraction de seconde plus tard, une roue se détacha. Avant que Pai ait pu maîtriser le véhicule, il quitta violemment la route. Le véhicule s'enlisa dans le sable et fut arrêté par une borne kilométrique. Sans le sable et le poteau, il aurait certainement versé dans le fossé. Par bonheur, il n'y eut rien de grave.

Mes enfants, comme vous le savez, c'est Amritatma qui a mis en musique la plupart de nos chants. Il en a aussi écrit quelques-uns. Par ailleurs, il ne faisait jamais rien, pas même une chose aussi insignifiante que se couper les cheveux ou s'acheter une nouvelle paire de chaussures, sans en demander d'abord la permission à Amma. Une fois, il avait perdu ses chaussures, et chaque fois qu'il demandait à Amma la permission de s'en racheter, elle se taisait. Six mois passèrent, et il allait toujours nu-pieds. Puis un jour, Amma donna l'autorisation. Le guru observe sans cesse le disciple tandis qu'il le réprimande ou l'accuse de choses qu'il a ou n'a pas faites. À la lumière de ces expériences, Amma a la conviction que ce fils réussira.

À présent qu'il a reçu le *sannyasa*, il est devenu le fils du monde. Dès lors, ce n'est pas mon fils. Aujourd'hui le Seigneur m'accorde le bonheur de dédier un fils au monde. En cette occasion, Amma se rappelle le père et la mère de ce fils et leur rend aussi hommage. Mes enfants, priez tous pour ce fils. Priez pour qu'il devienne plus fort. À partir de maintenant, ce n'est plus Amritatma Chaitanya, mais Amritaswarupananda Puri. Amma (qui n'est pas elle-même une *sannyasi*) n'a pas voulu aller à l'encontre des injonctions des écritures traditionnelles en lui donnant le *sannyasa*. C'est dans l'ordre des Puri qu'il a reçu (d'un autre *sannyasi*) l'initiation. Beaucoup ont demandé à Amma s'il n'aurait pas suffi qu'elle lui donne elle-même le *sannyasa*. Mais Amma ne ferait jamais rien qui heurte la tradition des anciens sages. Amma n'agira jamais à l'encontre de la tradition. Amma souhaitait qu'un humble dévot remette à Amritatma la robe orange. Autrement, l'ego qui dit « Je suis *Brahman*, je suis parfait » se développerait en lui. De telles pensées ne surgiront pas si c'est un dévot qui lui remet la robe, n'est-ce pas ? Amma voulait conférer le *sannyasa* par le biais d'un Swami de l'ordre de Ramakrishna. Elle avait annoncé il y a bien longtemps qu'un Swami de cet ordre qui serait aussi un dévot se présenterait ici le moment venu. C'est à ce moment qu'est arrivé Swami Dhruvananda. Son guru était un disciple direct de Sri Ramakrishna. Il est venu et a célébré la cérémonie du feu.

Hier, ce fils a accompli tous les rites funéraires, à la fois pour lui-même et pour sa famille. Il a pris congé de son père et de sa mère. Il a célébré tous les rites de rigueur à l'occasion d'un décès. Il a abandonné toute forme de liens. Dès lors, il est votre fils, le fils du monde. Tous les devoirs envers les arbres, les buissons, les plantes, les animaux, les oiseaux, et toutes les autres créatures ont été abolis. Il a accompli la cérémonie du feu en priant « Fais que je me tourne vers l'intérieur. Conduis-moi à l'éclat, à la splendeur spirituelle, conduis-moi à la Lumière. » Il a accepté la robe orange qui symbolise le sacrifice de son propre corps au feu. Il a reçu le nom d'Amritaswarupananda.

Ainsi, c'est aujourd'hui un bon jour, mes enfants. Priez tous : « Seigneur, accorde à ce fils la force d'apporter à tous la paix et la sérénité. Fais-en un bienfaiteur du monde. »

Chaque souffle d'un *sannyasi* doit être dédié au bien des autres. Il est dit qu'il ne devrait même pas inspirer pour son propre bien-être. Tout le corps a été sacrifié dans le feu de la Connaissance. L'orange est la couleur du feu. À présent il est de la nature du Soi. Nous sommes tous ce Soi éternel. Nous devrions voir en chacun Dévi ou la forme de Dieu. C'est au travers des êtres humains qu'il faut servir Dieu. À présent il n'a pas un Dieu en particulier. Ce fils doit servir les autres en voyant Dieu en eux. Le reste de sa vie sera consacré à les servir. Voilà ce qu'il doit faire à partir de maintenant, vivre en dédiant sa vie à ceux qui sont en vérité les formes de Dieu. Ce fils n'aura pas de plus haute réalisation ou de plus grande pénitence que cela. Tout cela est terminé. Sers chacun en voyant Dieu en lui. La compassion envers les pauvres et les nécessiteux est notre devoir envers Dieu. Sans cela, aucune ascèse ne portera ses fruits. La perfection ne peut être atteinte qu'à travers ces actions accomplies en pensant à Dieu.

Sans passeport, nous ne recevrons pas l'autorisation de quitter le pays. Le passeport de la Réalisation se gagne par le service. On ne peut rien avoir sans passeport. Amma accorde à présent plus d'importance au service. Mes enfants, à chaque respiration vous pensez « Amma, Amma. » C'est pourquoi Amma a la conviction que vous pouvez servir les autres en voyant Dieu en eux. Mes enfants, observez à présent deux minutes de prière pour ce fils. Il n'est plus un fils, mais Swami Amritaswarupananda. « Ô Dieu, qu'il ne fasse jamais de tort à personne en ce monde. Qu'il ne fasse jamais injure à la grande tradition du *sannyasa*. Qu'il ait l'équanimité de voir Dieu en chacun et de les servir avec dévouement. »

Chapitre 13

Je suis toujours avec toi

L orsqu'on commença à parler du troisième tour du monde d'Amma, j'étais partagé. D'un côté, je n'aimais pas quitter l'Inde, mais je n'aimais pas non plus être séparé d'Amma pendant trois longs mois. Je demandai à Amma ce que je devais faire. Elle me dit que, puisque j'avais demandé la nationalité indienne, il vaudrait mieux que je sois sur place au cas où le gouvernement indien exigerait des formalités. Je décidai donc de rester, et comme Amma l'avait laissé entendre, je reçus effectivement une lettre du gouvernement me demandant quelques éclaircissements sur mes activités antérieures. Durant cette période, je me rendis plusieurs fois à l'orphelinat pour voir comment le travail avançait. Un des *brahmacharis* qui vivait là s'adressa aux enfants et leur raconta une histoire de prisonniers. Il mentionna le genre de nourriture qu'ils recevaient, une bouillie de farine à peine cuite. En entendant ceci, un des petits garçons se leva et dit : « Swami, ce n'est pas qu'une histoire. Avant qu'Amma ne reprenne cet orphelinat, on nous a donné pendant des années le même genre de nourriture. Le résultat, c'est que la plupart d'entre nous souffraient en permanence d'indigestion et de maux d'estomac. Pour la première fois de notre vie, nous avons une nourriture bonne et un endroit décent où vivre. » Les paroles de l'enfant m'émurent profondément, et je me dis que c'était là une raison suffisante pour justifier le passage de l'orphelinat sous la responsabilité d'Amma.

L'année suivante, je décidai que je préférerais suivre Amma dans sa tournée plutôt que de rester. Mais financièrement, cela ne semblait pas possible. On n'avait plus besoin de moi dans la tournée et je ne pouvais espérer que l'Ashram paie mon billet d'avion. Quant à ma mère biologique, elle n'allait sans doute pas payer mon voyage alors que je n'aurais pas un moment à passer avec elle. Cependant, environ deux mois avant le tour 1990, je me fis une hernie discale. Les médecins recommandèrent un repos complet. Lorsque les dévots de l'Ashram américain eurent vent de mon état, ils suggérèrent que je vienne me faire soigner aux États-Unis. Amma jugea aussi que c'était la meilleure solution. Ma mère offrit de payer mon voyage. Aussi, après un mois de repos, on m'envoya à San Francisco. Divers médecins m'examinèrent et décidèrent qu'une opération pourrait en partie soulager mes douleurs. Je voulais attendre l'arrivée d'Amma, si bien que je ne fus opéré que début juin. Cependant, l'intervention n'apporta pas grand soulagement. J'accompagnai néanmoins Amma pendant toute la tournée, jusqu'à Boston. C'est alors qu'elle me demanda de rester à l'Ashram américain aussi longtemps que possible, pour donner des cours sur les Écritures indiennes et des *satsangs* sur son enseignement. Elle estimait que les résidents de l'Ashram avaient besoin d'un soutien spirituel. Lorsque je lui demandai combien de temps je devrai rester, elle me répondit : « Aussi longtemps que tu pourras. »

Amma s'envola pour Londres et je regagnai San Francisco. Sur le vol de retour, toutes les lumières du bord se mirent à clignoter et les conduits de ventilation à cracher de l'air de façon incontrôlée. Ceci dura une heure, donnant l'impression que le système électrique avait une défaillance. « Eh bien, Amma », me dis-je, « est-ce la fin de la route à présent, loin de toi ? Est-ce pour

Mata Amritanandamayi Center à San Ramon, Californie, USA

cela que tu m'as laissé ici ? » Je fermai alors les yeux et me mis à répéter mon *mantra*, essayant de m'abandonner à la volonté de Dieu. Mais à l'arrivée à San Francisco, le problème technique était résolu.

Je demeurai à l'Ashram jusqu'au retour d'Amma, au mois de mai de l'année suivante. Je donnais des cours, j'animais les *satsangs* du samedi, je travaillais à la revue trimestrielle et aux préparatifs du tour, et rencontrais les dévots. J'étais occupé du matin au soir. Je ne ressentis pas trop l'absence d'Amma car je me consacrais à son service. Au fil des ans, j'ai toujours constaté que, bien que la présence physique d'Amma soit une aide puissante lorsqu'il s'agit de se concentrer ou de purifier son esprit, le fait de la servir m'apporte aussi beaucoup d'énergie et de bonheur.

Parmi nous, beaucoup ont une pratique spirituelle mais ne semblent pas faire beaucoup de progrès, même au bout de longues périodes. La raison ne nous en est peut-être pas toujours évidente. Nous avons le sentiment d'être si sincères. À cet égard, une conversation qu'Amma eut au cours du cinquième tour du monde avec un jeune homme de passage à l'Ashram de Californie est très édifiante.

Le jeune homme demanda : « On dit qu'un aspirant spirituel doit observer certaines règles telles qu'elles sont décrites dans les Écritures. Sont-elles vraiment obligatoires ? »

Amma répondit : « Actuellement, nous sommes soumis aux lois de la Nature, c'est pourquoi nous devons obéir aux règles si nous voulons progresser spirituellement. Ceci est inévitable tant qu'on n'a pas atteint un certain stade dans notre *sadhana*. Lorsque la Nature est devenue notre servante, les règles ne sont plus nécessaires, car il n'y a plus de perte d'énergie spirituelle, même lorsque nous ne les respectons pas. Mais jusqu'à ce moment-là, elles sont nécessaires.

Après avoir planté une graine dans le sol, nous la recouvrons d'un filet pour la protéger des oiseaux. Autrement les graines seraient dévorées, ou les jeunes pousses détruites, et rien ne pousserait. Lorsque la graine sera devenue un grand arbre, il pourra abriter les oiseaux, accorder sa protection aux êtres humains et même aux éléphants. De même, lorsque nous aurons découvert la force latente qui est en nous, les règles qui servent à nous protéger deviendront superflues. »

« Pour que ceci se produise, est-il nécessaire de faire preuve de régularité et de constance dans la pratique spirituelle ? », demanda le jeune homme.

« Oui », répondit Amma. « Nous devrions aimer la régularité et la constance autant que nous aimons Dieu. Celui qui aime Dieu aime aussi la discipline, mais des deux, c'est la discipline et la régularité que nous devons d'abord aimer.

Ceux qui ont l'habitude de boire un thé ou un café à heure fixe sont en proie à l'agitation ou au mal de tête s'ils n'ont pas leur boisson à l'heure habituelle. Les drogués sont à l'agonie s'ils n'ont pas leur dose quotidienne. L'habitude les pousse à répéter chaque jour à la même heure la même action. Ainsi, en pratiquant avec régularité une action quelle qu'elle soit, nous développons une habitude. Dans le cas de la *sadhana*, cela nous sera bénéfique, car nous serons poussés à faire notre *sadhana* à l'heure dite. »

Le jeune homme dit alors : « Je pratique une *sadhana*, mais je n'en retire aucun bienfait. »

Le regardant avec un sourire plein de compassion, Amma lui demanda : « Mon fils, tu t'emportes facilement, n'est-ce pas ? »

« Oui », concéda-t-il, « mais quel rapport y a-t-il entre le fait que je me mette en colère et ma *sadhana* ? »

« Si une personne s'adonne à la *sadhana* sans abandonner la colère et l'orgueil, elle ne pourra en retirer aucun bienfait. Mon fils, d'un côté tu amasses un petit peu de sucre, et de l'autre tu laisses entrer les fourmis. Ce que tu as gagné par la *sadhana*, tu le perds par la colère. Cependant, tu n'as pas conscience de cette perte. Si nous appuyons sur l'interrupteur d'une lampe de poche dix fois de suite, la pile s'use. De même, quand nous nous mettons en colère, toute notre énergie s'échappe par les yeux, les oreilles, le nez, la bouche et tous les pores de la peau. À cause de l'orgueil et de la colère, notre énergie est gaspillée. Mais si nous gardons le contrôle de notre mental, nous conserverons ce que nous avons gagné. »

Le jeune homme demanda encore : « Ceux qui se mettent en colère sont-ils incapables d'accéder à la sérénité que la *sadhana* permet d'atteindre ? »

Amma répondit : « Mon enfant, imagine que l'on puise de l'eau au puits avec un seau plein de trous. Le temps que le seau arrive en haut du puits, il est vide, car toute l'eau est partie par les trous. Mon fils, ta *sadhana* est comme ce seau. Si l'on pratique une *sadhana* l'esprit plein de désirs et de colère, ce que l'on en retire est aussitôt perdu. Nous n'en percevons alors aucun bienfait, nous ne connaissons pas la sérénité et ne comprenons même pas la grandeur de la *sadhana*. C'est pourquoi tu devrais d'abord t'asseoir dans un coin solitaire pour calmer ton esprit, avant d'entreprendre tes exercices spirituels. Reste à distance de la colère et des désirs et tu pourras certainement réaliser la source de la sérénité et de l'énergie illimitée. »

Peu après son retour du huitième tour du monde, en août 1994, Amma décida de perpétuer la tradition d'accorder le *sannyasa* à ses disciples. Six hommes et deux femmes reçurent la robe orange : Ramakrishna (Swami Ramakrishnananda), Pai (Swami Amritamayananda), Rao (Swami Amritatmananda), Srikumar (Swami Purnamritananda), Venu (Swami Pranavamritananda), Satyatma (Swami Amritagitananda), Lila (Swamini Atmaprana), et Gayatri (Swamini Amritaprana). L'atmosphère de l'Ashram avait beaucoup évolué depuis les premiers temps. Certes, c'était toujours une grande famille, mais on y était beaucoup plus sérieux en matière de vie spirituelle. Les swamis prirent la direction de divers ashrams secondaires. On attendait des résidents un haut niveau de discipline spirituelle. Des cours de philosophie védantique étaient donnés sur une base régulière. De nombreux ashramites reçurent l'initiation et prononcèrent les vœux de *brahmacharya* (aspirant spirituel observant le célibat). Si trois ou quatre personnes vivaient avec Amma au début, l'Ashram avait maintenant près de quatre cents résidents permanents.

C'est ainsi que se font les véritables ashrams. On ne les construit pas selon un plan. Ils «surgissent» autour d'un *Mahatma*. Ce sont les véritables lieux saints de la Terre. Les vibrations du sage qui vit au cœur de cet ashram imprègnent toute l'atmosphère. Ajoutez à cela les bonnes vibrations de tous les dévots et disciples qui s'adonnent à la *sadhana* et vous obtenez un environnement hautement propice à une vie de spiritualité. Même en l'absence physique d'Amma, on ressent dans son Ashram du Kérala la paix intense de l'atmosphère. Ces vibrations ne se dissiperont jamais, aussi longtemps qu'il y aura en cet endroit des aspirants en quête de Dieu. C'est ainsi qu'apparaissent les lieux saints.

Après qu'Amma eut accordé le *sannyasa* à ces huit disciples, elle me parla et me demanda si je l'accepterais moi aussi. Qui étais-je pour prendre une telle décision ? Bien que menant une vie de renoncement depuis vingt-six ans, je n'avais aucune intention de devenir *sannyasi*. Mon seul souhait était de réaliser Dieu. Et cependant, peut-être pour le bien du monde et pour augmenter mon propre détachement, Amma voulait que je prenne la robe orange. Il était manifeste que c'est ce qu'elle attendait de moi. Je répondis « Oui » sans hésiter. Elle me dit qu'elle organiserait la cérémonie la prochaine fois que je viendrais en Inde puisque j'étais encore en Amérique à ce moment-là.

Amma m'avait dit de revenir en Inde une fois tous les deux

ans. Ce n'était pas seulement pour le plaisir de me retrouver à l'Ashram. Amma estimait que, pour la pureté de mon esprit, je devais venir « recharger mes batteries » de temps à autre. Bien que l'Ashram américain soit lui aussi devenu un lieu saint, imprégné de la culture spirituelle de l'Inde, j'avais besoin de me replonger dans l'atmosphère indienne de façon régulière. En Amérique, l'absence d'une tradition commune rend la vie spirituelle très difficile, les idéaux de la société occidentale étant davantage fondés sur le confort, le plaisir et la suprématie de l'intellect que sur la maîtrise de soi, le *dharma* et la dévotion à Dieu. Si l'on rentre tout habillé de blanc dans une cave à charbon, on ne peut absolument pas éviter de se tacher, si peu que ce soit. Ayant passé plus de la moitié de ma vie dans la culture traditionnelle de l'Inde, je la trouve propice à mon évolution spirituelle. Après avoir vécu aux États-Unis de façon plus ou moins permanente, je comprends aussi qu'il est sage d'aller régulièrement passer quelque temps en Inde.

La cérémonie du *sannyasa* eut lieu à la fin du mois d'août 1995. Le premier jour était consacré à la cérémonie du rasage du crâne et à la célébration de nos propres rites funéraires au bord de l'océan. Le lendemain, la cérémonie du feu commença à trois heures du matin. J'y fus mené par Swami Amritaswarupananda. En raison de mes sempiternels problèmes de dos et de système digestif, je souffrais énormément. J'étais incapable de rester assis pendant de longues heures. Je décidai pourtant, comme je l'avais fait bien des fois dans ma vie, que je le ferais, dussé-je en mourir.

Amma arriva à la cérémonie du feu vers six heures du matin. Même si je ne faisais pas de grimaces, elle vit tout de suite que j'avais très mal. Se tournant vers moi, elle me dit : « Il n'y en a plus que pour une heure. » Nous étions cinq à recevoir le *sannyasa*, si bien que cela demanda beaucoup de temps, plutôt deux ou trois heures qu'une. Enfin, Amma nous remit nos nouvelles robes oranges, nous bénit et nous envoya terminer la cérémonie à l'océan. De retour à l'Ashram, nous mendiâmes notre nourriture auprès des dévots et passâmes à nouveau un moment avec Amma. Me regardant, elle sourit et me dit : « Es-tu mort ? Pauvre garçon ! »

« Non, Amma », répondis-je, « mais l'épreuve d'aujourd'hui a consumé une bonne partie de mon mauvais karma antérieur. » À ces mots, Amma se mit à rire. J'aurais souhaité pouvoir rester assis là en toute sérénité comme les autres, mais du moins je n'avais pas été affecté par les souffrances qu'il m'avait fallu endurer. Je les avais considérées comme une nouvelle occasion de pratiquer le détachement du corps. Amma me donna le nom de Swami Paramatmananda. Reçurent également le *sannyasa* ce jour-là Unnikrishnan (Swami Turiyamritananda), Damu (Swami Prajnanamritananda), Unnikrishnadas (Swami Jnanamritananda) et Saumya (Swamini Krishnamritaprana).

J'avais l'habitude de me promener chaque jour près de la chambre d'Amma car c'était l'endroit le plus paisible de l'Ashram. Partout ailleurs, il y avait beaucoup de monde, mais on faisait généralement en sorte qu'il n'y ait personne autour de la chambre d'Amma, afin qu'elle ne soit pas trop dérangée. Je marchais ainsi de long en large, dans un esprit méditatif, quand Amma descendit les marches. Elle se rendait au temple pour chanter les *bhajans* avant de donner ensuite le *Devi Bhava*. J'étais à environ trente mètres d'Amma quand je la remarquai. Elle marche habituellement très vite. Cette fois-ci, elle s'arrêta et me regarda. Je n'avais aucune intention de l'approcher, sachant qu'elle était pressée, mais je ressentis le désir intense de me précipiter vers elle, le cœur débordant d'amour. Elle restait là, elle m'attendait. J'ai presque couru et je suis tombé à ses pieds. Elle sourit et me dit : « Fils, pourquoi ne chantes-tu pas ce soir, pendant le *darshan* ? » « Très bien, Amma, » répondis-je. En réalité, il se trouve que je réfléchissais justement au fait que je n'avais pas eu l'occasion de

Amma et Swami Paramatmananda
après la cérémonie d'initiation à sannyas

chanter pendant le *darshan*, parce que tant d'autres personnes en avaient le désir. J'avais le sentiment qu'il serait égoïste de ma part de les priver de leur chance de chanter devant Amma. L'évidence formidable de l'omniscience d'Amma et son pouvoir de m'attirer vers elle s'imprima une fois de plus dans mon esprit.

Peu après, Amma se mit à me demander quand je rentrais aux États-Unis. Je n'étais en Inde que depuis quelques semaines ! Il me semblait donc que rien pressait. C'est ce que j'essayai d'indiquer à Amma, en prenant soin de ne pas lui manquer de respect. « Très bien, pars quand tu veux, » dit-elle. Mais au cours des trois semaines suivantes elle ne cessa de me demander quand je partais. Il était donc clair que mon travail m'attendait en Amérique. Amma désirait semblait-il que j'oublie mon propre bonheur pour servir de manière totalement désintéressée.

J'allai un matin dans sa chambre passer un peu de temps en sa présence. Elle aborda le thème de mon retour en Amérique. Je lui demandai alors : « Amma, j'ai passé près de six ans loin de toi. Pourquoi faut-il donc que je vive à près de dix-huit mille kilomètres de toi, la Mère divine elle-même, tandis que tu joues ton drame divin ici ?

Et voilà que je dois maintenant repartir après un séjour aussi bref. Est-ce là mon avenir ? »

Amma me regarda intensément, d'un regard où brillait une grâce pleine d'amour. Elle répondit : « Mon fils, tu es venu à moi dans le but de réaliser Dieu. N'est-il pas nécessaire de garder son esprit fixé sur Dieu, où que l'on soit en ce monde ? Ne pense jamais que la grâce d'Amma n'est pas avec toi. Jamais tu n'es loin d'elle. Souviens-toi toujours de cela : où que tu puisses aller en cet univers, que ce soit maintenant ou après la mort, Amma est éternellement à tes côtés. »

À ces paroles d'Amma, mon cœur se remplit d'émotion en songeant à sa divinité et à son amour éternels. Je ne pus rien dire de plus. Je me prosternai à ses pieds et je partis, triste à l'idée de la séparation physique à venir, mais animé par la foi qu'Amma serait toujours avec moi et qu'au moment voulu, elle m'éveillerait de ce sombre cauchemar de naissance, de mort et de renaissance pour m'emmener vers le soleil brillant de la connaissance du Soi.

Amma me regarda intensément, mais une grâce toute d'amour brillait dans ses yeux. Elle me dit : « Mon fils, tu es venu à moi pour atteindre la Réalisation de Dieu. Ne devrait-on pas garder l'esprit fixé en Dieu où que l'on puisse être dans le monde ? Ne pense jamais : « La grâce d'Amma n'est pas avec moi. » Tu n'es jamais loin d'Amma. Souviens-toi toujours que, où que tu ailles dans cet univers, maintenant ou après la mort, Amma sera toujours à tes côtés. »

En entendant ceci, mon cœur s'emplit d'émotion à la pensée de son amour éternel et de sa divinité. J'étais incapable de rien ajouter. Me prosternant à ses pieds, je la quittai, triste à la pensée de la séparation physique imminente, mais plein de foi : Amma serait toujours avec moi, et, le moment venu, m'éveillerait du sombre cauchemar de la vie, de la mort, et de la renaissance, pour me faire entrer dans la lumière éclatante de la Réalisation de Soi.

Glossaire

Advaita - philosophie de la non-dualité qui déclare qu'il n'existe qu'une seule réalité.

Arunachala - montagne sacrée située dans le sud de l'Inde. Elle est considérée comme la manifestation concrète du dieu Shiva.

Atman - le Soi

Avadhuta - un sage qui a transcendé toutes les règles et les normes de la société en prenant conscience de l'Unité.

Avatar - une incarnation de Dieu

Ayurveda - la science médicale indienne

Bhagavad Gita - (littéralement : le chant du Seigneur) il s'agit d'un dialogue entre Sri Krishna et son dévot Arjuna.

Bhajan - chant dévotionnel

Brahma - la Réalité absolue, au-delà des noms et des formes.

Brahma Sutras - traité philosophique concis dont le sujet est la Réalité absolue et l'auteur Védavyasa.

Brahmachari - étudiant observant le célibat

Brahmacharini - étudiante observant le célibat

Brahmane - une des quatre castes

Brindavan - le village où grandit Sri Krishna

Chaytanya - la conscience

Darshan - entrevue avec un saint ou vision

Dipam - la fête des lumières célébrée chaque année en décembre à Arunachala

Devi - déesse, la Mère divine

Devi bhava - état d'identification à la déesse ou à la Mère divine

Devi Mahatmyam - œuvre poétique qui célèbre la grandeur de Dévi

Dharma - la loi de la justice divine

Dhoti - tissu que les hommes drapent autour de la taille

Ganesha - fils de Shiva ; dieu qui lève les obstacles

Gopi - bergère pleine de dévotion envers Sri Krishna

Grahasthashrama - le stade de la vie où l'on est responsable de la famille

Grahasthashrami - chef de famille

Guru - guide spirituel

Gurukula - une école dirigée par un guru

Japa - la répétition du mantra

Jivanmukta - une âme libérée alors que le corps physique est vivant

Jivatman - âme individuelle

Kabir - saint ayant vécu au 16ème siècle dans le nord de l'Inde

Kalari - sanctuaire

Kali bhava - état d'identification à la féroce déesse kali

Kanyakumari - le Cap Comorin, la pointe sud de l'Inde

Karma - action

Karma yoga - la pratique qui consiste à accomplir des actions comme des offrandes à Dieu, sans être attaché à leur fruit.

Krishna - une incarnation de Dieu qui vécut en Inde il y a environ 5 000 ans

Krishna bhava - état d'identification à Krishna

Kundalini shakti - la puissance spirituelle endormie au bas de la colonne vertébrale et que l'on peut éveiller grâce aux pratiques spirituelles

Lakshya bodha - un esprit concentré sur le but

Layana - absorption

Lila - jeu ou drame

Lingam - un des symboles du dieu Shiva

Loka putra - fils du monde

Mahatma - grande âme

Mantra japa - la répétition d'un mantra, de syllabes sacrées

Mudra - geste sacré exécuté avec les mains

Muladhara chakra - le centre spirituel au bas de la colonne vertébrale

Naga - divinité serpent

Parashakti - l'énergie suprême

Prana shakta - la force vitale

Prasad - offrande consacré ou bénie

Puja - rituel d'adoration

Rasa lila - danse extatique des gopis et de Krishna

Sadhana - pratique spirituelle

Sahaja samadhi - état naturel d'absorption dans le Soi

Samadhi - absorption du mental dans la Réalité

Sannyasa - vœu officiel de renoncement

Sannyasi - celui qui a prononcé le vœu de sannyasa

Sanscrit - langue de l'inde ancienne

Satguru - maître réalisé

Satsang - sainte compagnie

Shakti - énergie

Shiva - l'aspect destructeur de la trinité hindoue

Siddhi - pouvoir spirituel ou psychique

Srimad Bhagavatam - récit de la vie de Sri Krishna

Suka - un garçon qui était aussi un sage ; il est le narrateur du Srimad Bhagavatam

Tapas - pénitence ; austérité

Tiruvannamalai - ville sainte du sud de l'Inde située au pied d'Arunachala

Upanishads - textes situés à la fin des Védas et qui traitent de la philosophie du non-dualisme

Vasana - habitudes ; impressions laissées par les actes passés

Vedavyasa - auteur du Srimad Bhagavatam, du Mahabharata, des Brahmas Sutras et d'autres textes anciens

Vedique - qui se rapporte aux Védas, textes révélés de la religion hindoue

Vishnu - l'aspect de la trinité qui préserve la création

Yogas Sutras de Patanjali - œuvre philosophique qui décrit les huit parties du yoga

Yoga Vasishta - œuvre antique qui traite de la philosophie du Védanta

www.ingramcontent.com/pod-product-compliance
Lightning Source LLC
LaVergne TN
LVHW051731080426

835511LV00018B/2992